Grondbeginselen van Robotics

ROBOTS

I

Voor Kinderen

Hou je Robots?

Binnenkort:
Online University
www.onlinemediauniversity.com

Tot mijn zoon David. Om hem te helpen op zijn leerproces.

Copyright 2013 door

Latin-Tech Inc

WWW.LT-AUTOMATION.COM

Alle rechten voorbehouden. Niets uit deze uitgave mag worden verveelvoudigd, opgeslagen in een geautomatiseerd gegevensbestand en/of openbaar gemaakt in enige vorm of op enige wijze, hetzij elektronisch, mechanisch, door fotokopieën, opnamen of op enige andere manier zonder voorafgaande schriftelijke toestemming van de uitgever Latin-Tech Inc.

ISBN 978-1-9431-4104-3

www.lt-automation.com
PH 305 914 5083
FAX 775 637 6825
Miami, FL, USA

Robonauts® by NASA. RX78® by Sunrise Inc. PICO® by Sandia National Labs. Industrial Robot by Kuka® Robotics. HEXBUG® is een handelsmerk van Innovation First Labs. Sommige foto's en informatie zijn eigendom van hun respectievelijke auteur, bedrijf, fabrikant en/of eigenaar van het auteursrecht. Ze worden geciteerd in dit boek vanwege hun relatie en relevantie. De informatie en merknamen die hier zijn gebruikt zijn uitsluitend voor educatieve doeleinden en om informatie over de robotgeschiedenis voor toekomstige generaties te behouden.

Vertaald door Harald Ihle

 Robot Story

www.lt-automation.com
PH 305 914 5083
FAX 775 637 6825
Miami, FL, USA

Inhoudsopgave

Wat is een robot? 2
Wat is geen robot? 3
Zijn robots gevaarlijk? 4
Waar komt het woord ROBOT vandaan? 5
Hoe moet een robot zich gedragen? 6
Eerste wet van de robotica 7
Tweede wet van de robotica 8
Derde wet van de robotica 9
Soorten robots 10
    Androïden 11
    BEAM-robots 12
    Cyborgs 13
    Cybugs 14
    Industriële robots 15
    Robots op wielen 16
Grootste en sterkste industriële robot 17
's Werelds kleinste robot 18
Grootste robotstandbeeld ter wereld 19
's Werelds eerste androïde-ontwerp 20
Eerste humanoïde robot in de ruimte 21
Nieuwe technologieën van de robotica 22
Woordenlijst 23

Wat is een robot?

Een robot is een machine met geautomatiseerde hersenen die orders kunnen gehoorzamen en soms dingen kunnen doen op eigen houtje.

Robots zijn gewoon machines die het werk zeer nauwkeurig kunnen uitvoeren en dit soms vaak kunnen herhalen.

Vaak nemen ze ook eigen autonome beslissingen.

Wat is geen robot?

Er zijn veel machines die uitzien als robots, maar het niet zijn. Bijvoorbeeld: een fornuis, een koelkast, een magnetron. Geen van deze dingen zijn robots.

Machines en apparaten die niet zelfstandig werken en geen eenvoudige beslissingen kunnen nemen, worden niet beschouwd als robots!

Robots voor kinderen   Bladzijde 3

Zijn robots gevaarlijk?

Ben je bang voor robots?

In het algemeen zijn robots heel aardig voor mensen. Ze zijn niet gemaakt om mensen kwaad te doen, maar soms worden ze een beetje gek door een storing.

Een robot met een storing lijkt een beetje op jou als je ziek bent. Wanneer robots ziek zijn, doen ze dingen niet goed, maar vergeet niet dat ze je nooit willen schaden of bang maken.

Waar komt het woord ROBOT vandaan?

Karel Capec

Josef Capec

Een hele tijd geleden (in 1919) was er een Tsjechische schrijver genaamd Karel Čapec. Hij schreef een toneelstuk over kunstmatige werkmannen, die hij "Labori" wilde noemen.

Maar hij twijfelde of dat OK was, en vroeg de mening van zijn broer Josef die op dat moment aan het schilderen was. Hierop antwoordde zijn broer achteloos:

"Noem ze maar robots".

En dat is hoe het woord robot is ontstaan.

Hoe moet een robot zich gedragen?

Robots moeten drie belangrijke wetten volgen.

Om te voorkomen dat de mens schade ondervindt van robots, besloot de schrijver Isaac Asimov om duidelijk vast te leggen hoe een robot zich moet gedragen.

Hij definieerde de

drie wetten van de robotica.

Isaac Asimov

Als je van robots houdt, moet je deze wetten heel goed kennen.

Bladzijde 6   Robots voor kinderen

Eerste wet van de robotica

"Een robot mag een mens geen letsel toebrengen of door niet te handelen toestaan dat een mens letsel oploopt".

Een robot is er om je te beschermen. Hij zal je op geen enkele manier kwaad doen. Als hij beseft dat iets of iemand op het punt staat je kwaad te doen, zal hij doen wat nodig is om je te beschermen. Zelfs als hijzelf wordt beschadigd of vernield.

Wat is deze robot aan het doen?

Hoe zou je de eerste wet uitleggen?

Tweede wet van de robotica

"Een robot moet de bevelen uitvoeren die hem door mensen gegeven worden, behalve als die opdrachten in strijd zijn met de Eerste wet."

Als je een opdracht geeft aan een robot zal hij die meteen uitvoeren. Van wie voer jij opdrachten uit?

Je moet bevelen opvolgen van je ouders; op dezelfde manier respecteert en volgt een robot jouw bevelen. Maar wat gebeurt er als iemand opdrachten geeft aan een robot om iemand te schaden waar je om geeft?

De robot zal geen orders uitvoeren om mensen te schaden. Dit komt door de eerste wet. Weet je nog?

Derde wet van de robotica

"Een robot moet zijn eigen bestaan beschermen, voor zover die bescherming niet in strijd is met de Eerste of Tweede wet."

Niemand vindt het leuk om letsel op te lopen! Een robot is geen uitzondering, hij wil intact blijven. Als iets of iemand een robot aanvalt, dan zal hij proberen om zichzelf te beschermen, maar hij zal nooit een mens aanvallen.

Mijn vriend, wees voorzichtig bij het geven van orders aan robots! Wees goed en bescherm het bestaan van alle levende wezens en robots.

Wat zal de robot doen om een kind te beschermen?

Soorten robots

Er zijn verschillende soorten robots die je vindt in films, tv-programma's, speelgoed en de industrie.

Je leert hoe je ze kan herkennen als je eenmaal weet hoe ze er uitzien en begrijpt wat voor werk ze doen.

Het is mogelijk dat je ze al hebt gezien omdat je graag naar films kijkt, niet waar?

Op de volgende pagina's zal je leren hoe de robots zijn opgebouwd. Probeer om hun namen te onthouden. Je zal het leuk vinden zijn om je vrienden te vertellen wat voor soorten robots er zijn.

Androïden

Een androïde is een robot die eruit ziet en gedraagt zich als een mens. Er zijn heel weinig robots die kunnen lopen als een mens. Het is erg moeilijk voor robots om te lopen.

Sinds androïden benen en armen hebben net als jij, kunnen ze lopen en dingen oppakken op dezelfde manier.

Sommigen van hen kunnen zelfs voetballen!

BEAM-robots

Deze robots zijn heel eenvoudig, lelijk en klein. Ze reageren op een situatie in de omgeving, zoals licht of geluid

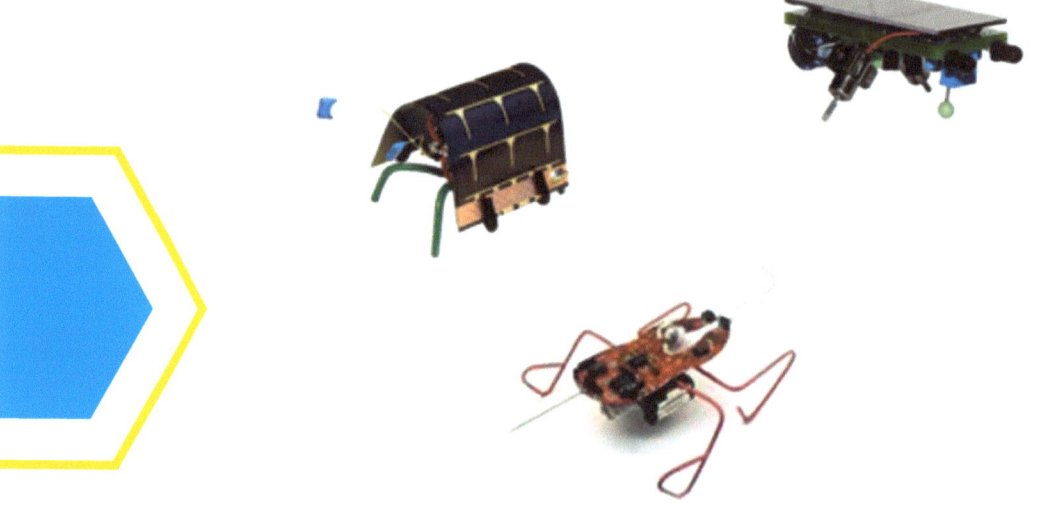

Ze zijn gemaakt van gerecycelde onderdelen met slechts een paar componenten.

Zij werken op zonne-energie en zijn daarom voorzien van zonnecellen.

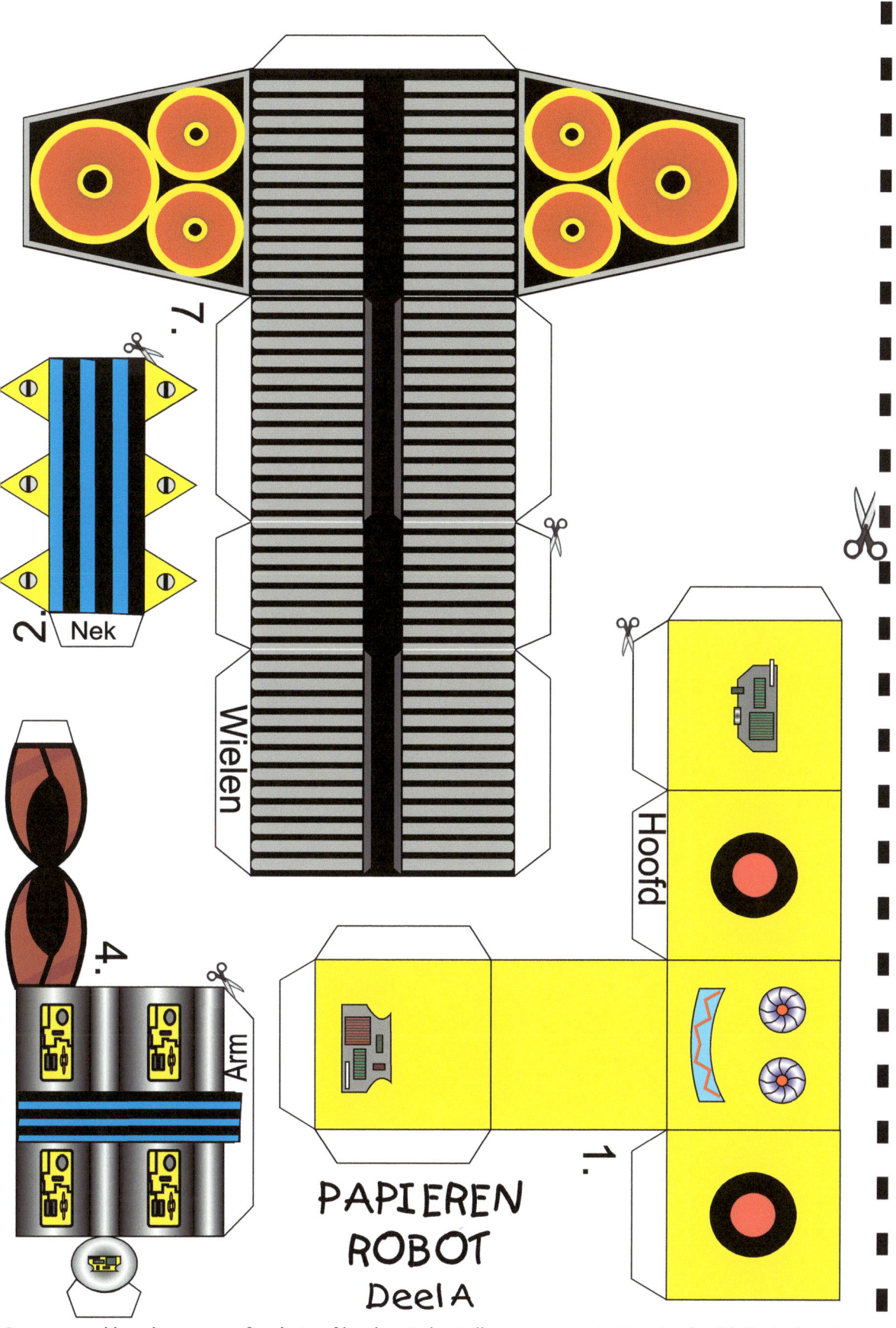

Deze pagina is met opzet leeg gelaten

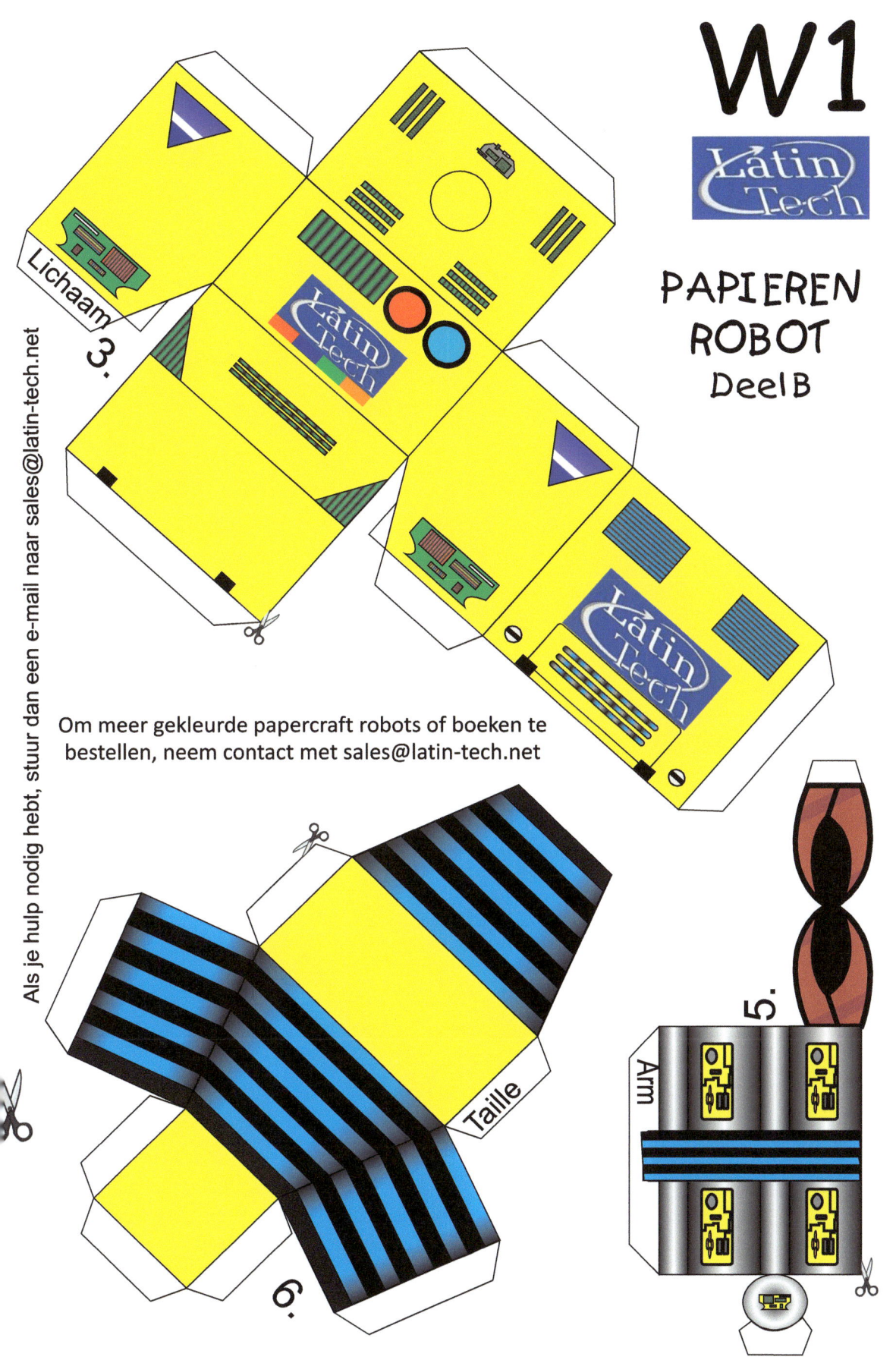

Deze pagina is met opzet leeg gelaten

Cyborgs

In dergelijke robots zijn menselijke en robotonderdelen gecombineerd. Het woord Cyborg is afkomstig van de eerste drie letters van de woorden

CYBernetica en ORGanisme.

Robots met menselijke onderdelen zijn ook cyborgs.

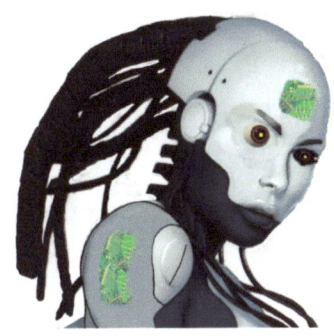

Cybugs

Cybugs zijn kleine robots die zich gedragen als levende organismen. Ze zien eruit als de insecten die je kent, zoals vliegen, spinnen en kakkerlakken.

Cybugs die zich verwijderen van lawaai of licht worden fobische cybugs genoemd. Degenen die in de buurt van lawaai of licht komen, worden volger-cybugs genoemd.

Deze robots hebben kleine mechanische en elektronische onderdelen. Ze hebben meestal mooie kleuren, zoals je aan de linkerkant ziet.

Industriële robots

Dit zijn robots die in fabrieken werken. Ze helpen bij het maken van dingen.

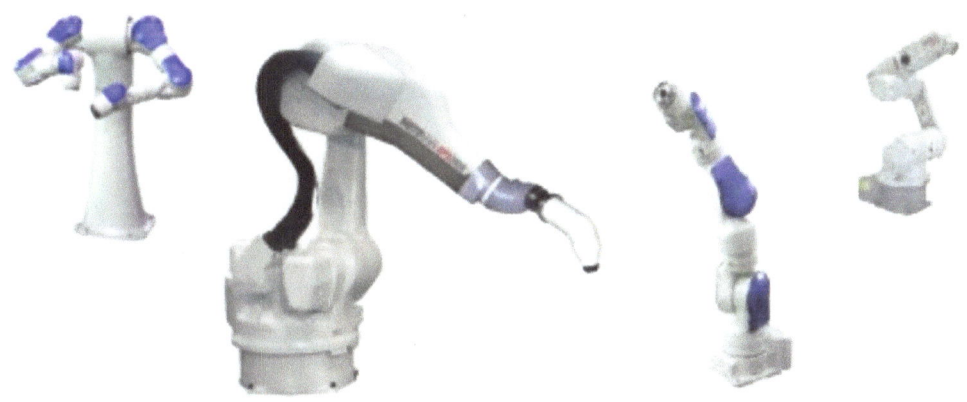

Er zijn robots voor automontage. Sommige robots zijn "montagerobots"; die stellen verschillende onderdelen van elektrische apparaten samen, zoals videospelletjes en computers.

Sommige banen zijn gevaarlijk voor mensen. In deze gevallen worden personen vervangen door industriële robots, bijvoorbeeld waar het heel warm is.

Robots op wielen

Er zijn robots met wielen of banden in plaats van benen.

De wielen kunnen ze zeer snel bewegen op alle soorten oppervlakken.

Sommige robots gebruiken wielen met banden, zoals bij tanks.

Grootste en sterkste industriële robot

Deze robot is 3,2 meter hoog en kan voorwerpen van 1000 kilo verplaatsen.

Hij is gemaakt door het Duitse bedrijf KUKA robotica, en staat bekend als "robot-arm"

Robots voor kinderen   Bladzijde 17

Kleinste robot van de wereld

De robot heet PICO en is gemaakt door Sandia National Labs. Het wordt beschouwd als een van 's werelds kleinste robots. Hij is slechts 12,5 millimeter lang.

Met zijn accu's werkt hij 15 minuten voordat hij opnieuw moet worden opgeladen. Hij heeft een zeer kleine infraroodsensor om voorwerpen in de buurt te detecteren.

Grootste robotstandbeeld ter wereld

Deze 18 meter hoge "RX-78 Gundam" robot bevindt zich op het Odaiba-eiland bij Tokio en is gemaakt ter herinnering aan een immens populaire animatie-filmfiguur.

Zijn naam is RX78 en de codenaam is Gundam.

Het robotstandbeeld kan zijn hoofd bewegen.

Robots voor kinderen   Bladzijde 19

's Werelds eerste androïde robotontwerp

Leonardo da Vinci werd geboren in Italië in 1452, en werd beschouwd als een groot genie.

Hij was de eerste persoon die een robot met menselijke vorm bedacht en ontwikkelde. Hij zag eruit als een ridder met harnas.

Leonardo Da Vinci

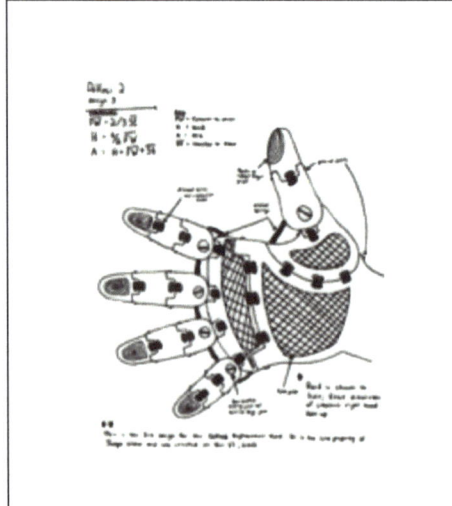

Hij maakte ook een mechanische leeuw die kon lopen, je zou hem ook wel een robot kunnen noemen.

Zijn ideeën en uitvindingen waren zeer innovatief. Ze worden nu toegepast in de moderne wetenschap.

Eerste humanoïde robot in de ruimte

NASA - de ruimtevaartorganisatie van de Verenigde Staten - ontwikkelt ultra geavanceerde robots om astronauten te helpen met hun werk in de ruimte.

Deze robots noemen we "robonauts".

Een robonaut zal in toekomstige ruimtemissies deel van de bemanning uitmaken.

Robots voor kinderen   Bladzijde 21

Nieuwe robottechnologieën

De wetenschap kan robotica gebruiken op je lichaam. Er zijn nieuwe producten op de markt die de manier kan veranderen waarop we de wereld van de robots zien. Een daarvan is een nieuw soort metaaldraad genoemd NITINOL.

Stel je een draad voor die lijkt op een haar. Wat interessant is aan deze draad is dat hij korter wordt als hij warm wordt. De beweging is vergelijkbaar met die van menselijke spieren. Het opwarmen geschiedt met een föhn of met electriciteit.

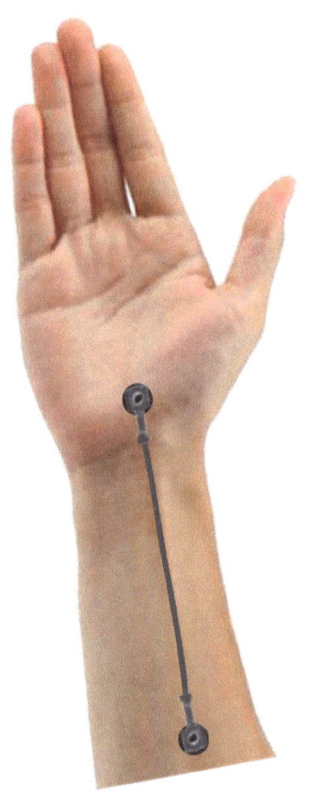

Woordenlijst

Kunstmatige:
Niet gemaakt door de natuur, maar door de mens.

Assembleren:
Het in elkaar zetten van onderdelen in een apparaat.

Astronauten:
Personen die werken in de ruimte.

Codenaam:
Een geheime naam.

Componenten:
Hetzelfde als onderdelen.

Conflict:
Twee tegengestelde orders.

Bemanning:
Groep van personen die een voertuig of een schip controleren.

Cybernetica:
De theorie rond automatische apparaten.

Detecteren:
Uitvinden of iets aanwezig is.

Elektronisch:
Gemaakt van iets dat elektrische stroom gebruikt.

Energie:
Wat iedereen nodig heeft om een werk uit te voeren.

Milieu:
Alles wat je om je heen ziet.

Volgen:
Bewegen in dezelfde richting als iets of iemand

Nietsdoen:
Als er niets wordt gedaan.

Infrarood:
Soort licht dat je niet kunt zien.

Innovatief:
Iets dat nieuw is en dat mensen graag willen.

Kilogram:
Een eenheid die beschrijft hoe zwaar iets is.

Wet:
Een regel die moet worden gerespecteerd.

Storing:
Wanneer een machine niet werkt op de juiste manier.

Mechanisch:
Iets met betrekking tot machines en gereedschappen.

Organisme:
Een vorm van leven, zoals een plant, een mens, een dier, enz.

Fobisch:
Een ziekelijke angst voor iets.

Toneelstuk:
Wordt opgevoerd door acteurs in een theater.

Vermogen:
Energie om te bewegen of te werken.

Beschermen:
Om te voorkomen dat iemand gewond raakt.

Gerecycled:
Opnieuw gebruiken van oude spullen.

Repetitieve:
Iets wat zich herhaalt.

W1

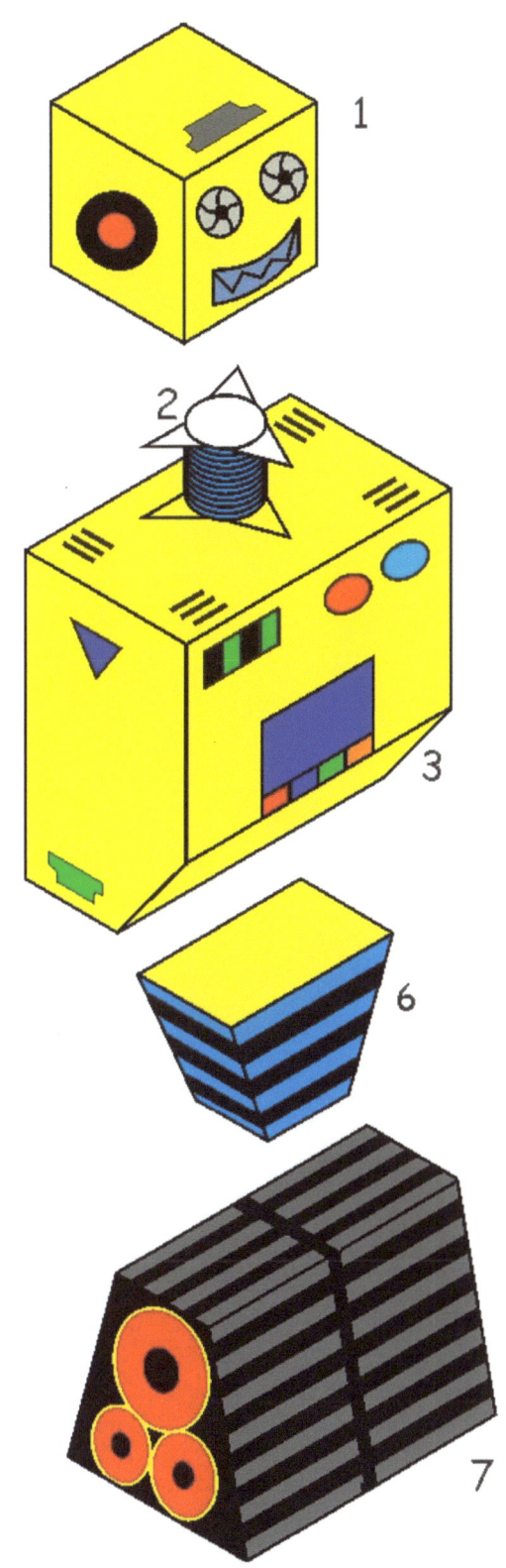

Binnenkort:
Online University
www.onlinemediauniversity.com

Real en Industrial Robots

ROBOTS

2

Voor Kinderen

Hou je Robots?

Binnenkort:
Online University
www.onlinemediauniversity.com

Opgedragen aan mijn nichtje Valeria, voor al het geluk dat ze heeft gegeven.

Copyright 2013 door

Latin-Tech Inc

WWW.LT-AUTOMATION.COM

Alle rechten voorbehouden. Niets uit deze uitgave mag worden verveelvoudigd, opgeslagen in een geautomatiseerd gegevensbestand en/of openbaar gemaakt in enige vorm of op enige wijze, hetzij elektronisch, mechanisch, door fotokopieën, opnamen of op enige andere manier zonder voorafgaande schriftelijke toestemming van de uitgever Latin-Tech Inc.

 Robot Story

www.lt-automation.com
PH 305 914 5083
FAX 775 637 6825
Miami, FL, USA

Puma® is een handelsmerk (TM) van Unimate International Inc. Asimo® is een TM van Honda Motor Company, Ltd. Mars Pathfinder is een TM van de NASA. Aibo® is een TM van Sony Corporation. Qrio® is een TM van Sony Corporation. Insbot® is een TM van IOT van Haifa Technion. RISE® is een TM van de Universiteit van Pennsylvania. Bigdog® is een TM van Boston Dynamics. Mini robots Army® is een TM van de Universiteit van Pennsylvania. Flying Micro Robot® is een TM van Waterloo University. HRP4C® is een TM van Intelligent Systems Research Institute.

Sommige foto's en informatie zijn eigendom van hun respectievelijke auteur, bedrijf, fabrikant en/of eigenaar van het auteursrecht. Ze worden geciteerd in dit boek vanwege hun relatie en relevantie. De informatie en merknamen die hier zijn gebruikt zijn uitsluitend voor educatieve doeleinden en om informatie over de robotgeschiedenis voor toekomstige generaties te behouden.

Vertaald door Harald Ihle

 Robot Story

www.lt-automation.com
PH 305 914 5083
FAX 775 637 6825
Miami, FL, USA

Inhoudsopgave

Beroemde robots
    Puma 2
    Asimo 3
    Mars Pathfinder 4
    Aibo 5
    Robonauts 6
    Qrio 7
    Insbot 8
    Stijgen 9
    Bigdog 10
    Mini robots Leger 11
    Flying Micro Robot 12
    HRP4C 13
    Runner robots 14
Woordenschat 15

Robots voor kinderen

Beroemde werkelijke of industriële robots

De robots in dit boek zijn beroemd omdat ze werden ontwikkeld door grote fabrikanten of onderzoekslaboratoria in universiteiten.

We hebben geprobeerd om je de naam van de eerste persoon of bedrijf te geven die het concept of de naam van de robot ontwikkeld heeft.

In sommige andere gevallen wordt de robot toegewezen aan een bedrijf of industrieel ontwerper, in dit geval wordt de ontwerper beschouwd als de maker van de robot.

Unimate 1966
Puma

Dit is een van de eerste commerciële robotarmen met 6 vrijheidsgraden. Hij werd gebruikt voor industriële toepassingen zoals: het organiseren, verplaatsen, laden en assembleren van machine-onderdelen.

Zijn uitvinder, George Charles Devol Jr. is de houder van het eerste octrooi van industriële robots.

Het bedrijf Unimate ontwikkelde deze robot voor General Motors.

Honda

1986

Asimo

Asimo is een van de meest innovatieve humanoïde robots.

Dit technologische experiment startte in 1986, en creëerde uiteindelijk een robot met twee benen die kan lopen, rennen en klimmen. Hij herkent gezichten en eenvoudige spraakopdrachten.

De nieuwste modellen zijn lichter (54kg), en kan een uur lang werken. Hij heeft handen met vijf vingers, die hem in staat stellen om verschillende voorwerpen te grijpen.

 Asimo is slechts 52 centimeter lang.

Nasa **1992**

Mars Pathfinder

Deze robot is ontwikkeld door de NASA als een demonstratie van het laten landen van een voertuig met geavanceerde instrumenten en autonome robotfuncties op het oppervlak van de planeet Mars.

Hij heeft zes wielen en een zonnepaneel.

Robots voor kinderen   Bladzijde 4

Sony   **1999**

Aibo

Aibo is een robothond geproduceerd door Sony Corporation, als een goedkoop platform voor kunstmatige intelligentie. Hij werd ontworpen voor robots om zelf te leren en om kennis uit te breiden.

Dit autonome robothuisdier is niet langer op de markt. Robotliefhebbers kunnen de hulpprogramma's downloaden van de website van Sony.

Bladzijde 5   Robots voor kinderen

Nasa and GM
2000
Robonauts

De National Aeronautics and Space Administration (NASA) en General Motors (GM) van de Verenigde Staten ontwikkelen super geavanceerde robots om astronauten te helpen hun werk in de ruimte te doen.

Deze robots worden Robonauts genoemd.

Toekomstige ruimtemissies zullen Robonauts gebruiken als onderdeel van hun bemanning.

Robots voor kinderen — Bladzijde 6

Sony

Qrio

Deze robot was één van de eerste modellen die kon lopen, maar werd nooit te koop aangeboden. Hij werd geproduceerd door Sony Corporation, maar de productie werd stopgezet in 2006.

QRIO is een autonome androïde robot die stemmen en gezichten kan herkennen. Hij werkt een uur lang op batterijen.

De totale hoogte is ongeveer 60 centimeter.

Deze robot is veruit een van de beste manieren om de toekomst te visualiseren ...nu.

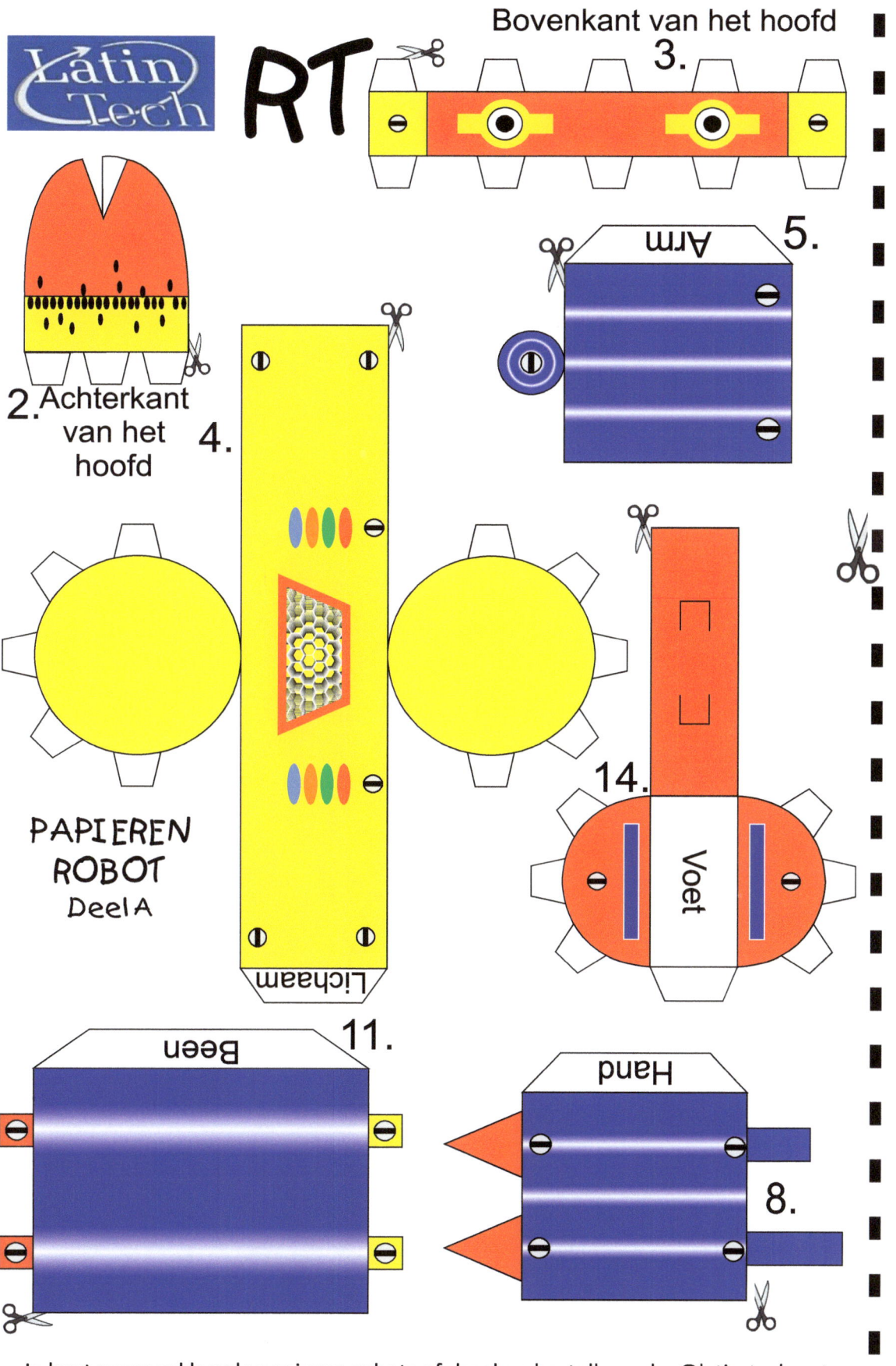

Deze pagina is met opzet leeg gelaten

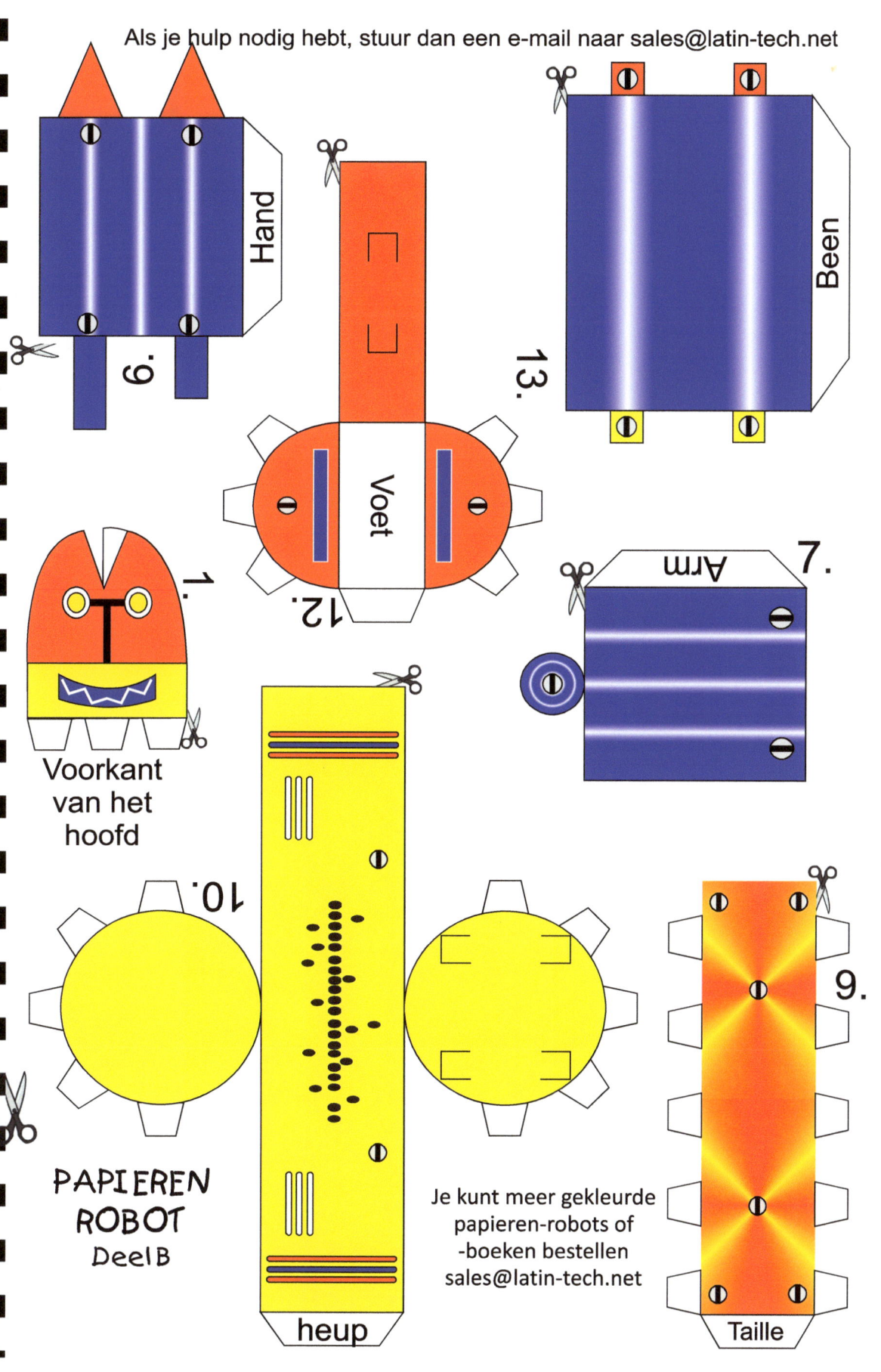

Deze pagina is met opzet leeg gelaten

IT Haifa 2009

Insbot

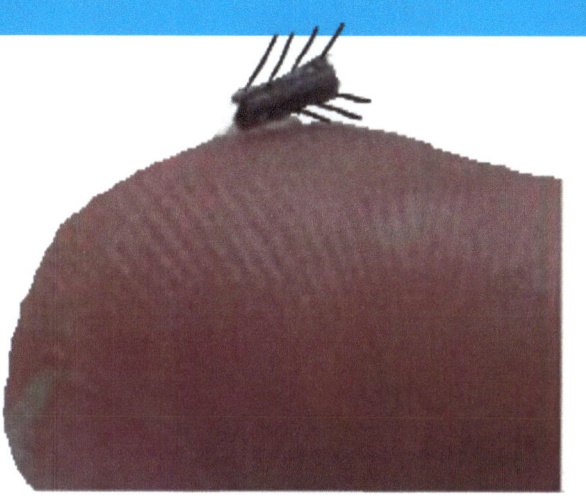

Professor Moshe Shaham, hoofd van het Robotics Laboratory en zijn team van het robotlaboratorium binnen het Institute of Technology in Haifa Technion, hebben een zeer kleine robot ontwikkeld die in je lichaam kan worden ingevoerd om slagaders te ontstoppen, en die kleine hoeveelheden medicijnen injecteert in geïnfecteerde weefsels.

Met een afmeting van slechts 1 mm kan deze robot zich bewegen met een snelheid van 9 mm per seconde terwijl hij wordt bestuurd door een extern magnetisch veld.

Deze kleine robot is gebaseerd op micro-elektromechanische systeemtechnologie (MEMS).

Rise

DARPA — **2005**

RISE is een nieuwe robot ontwikkeld door Boston Dynamics in samenwerking met de Universiteit van Pennsylvania, Carnegie Mellon, UC Berkeley, Stanford, en Lewis en Clark University. Hij werd gefinancierd door het Defense Advanced Research Projects Agency DARPA

Boston Dynamics is een bedrijf dat is gespecialiseerd in geavanceerde robots met zeer geavanceerde mobiliteit, lenigheid, behendigheid en snelheid.

Hij heeft zes poten, die ieder wordt aangedreven door twee elektrische motoren. De robot kan zijn houding aanpassen aan de oppervlakte waar hij op klimt.

Hij ziet eruit als een hagedis, maar het echte dier heeft slechts vier poten.

Bigdog

Deze robot werd ook gefinancierd door DARPA en ontwikkeld door Boston Dynamics.

BigDog is een 75 cm hoog en 90 cm lang lopende robot op vier benen. Hij is zeer sterk en ziet eruit als een kleine muilezel. Zijn gewicht is 110 kg. Hij kan lopen met een snelheid van 6 km/h, hellingen beklimmen van 35 graden, wandelen in de sneeuw en water en zware lasten dragen tot 150 kg op elk type landoppervlak.

Deze robot heeft zeer geavanceerde sensoren en regelaars voor zelfstandige operaties.

Onlangs heeft hetzelfde bedrijf een andere, vergelijkbare, maar kleinere robot ontwikkeld genaamd "littledog".

University of Pennsylvania **2011**

Mini robots Leger

Alex Kushleyev en Daniel Mellinger van de Algemene Robotics, Automatisering, Sensing en Perception (GRASP) Laboratory van de Universiteit van Pennsylvania introduceerde onlags zeer kleine maar slimme vliegende mini robots.

Ze hebben sensoren en complexe instrumenten, kunnen vliegen, roteren en reist door obstakels. Ze kunnen ook samen met andere robots als een team opereren.

Ze kunnen worden gebruikt in moeilijke situaties waar het menselijk leven in gevaar kan zijn, zoals bij brand of radioactiviteit. Ze kunnen ook simpele dingen doen, zoals het vormen van een orkest om verschillende muziekinstrumenten te spelen.

Waterloo University — 2009
Vliegende Microrobots

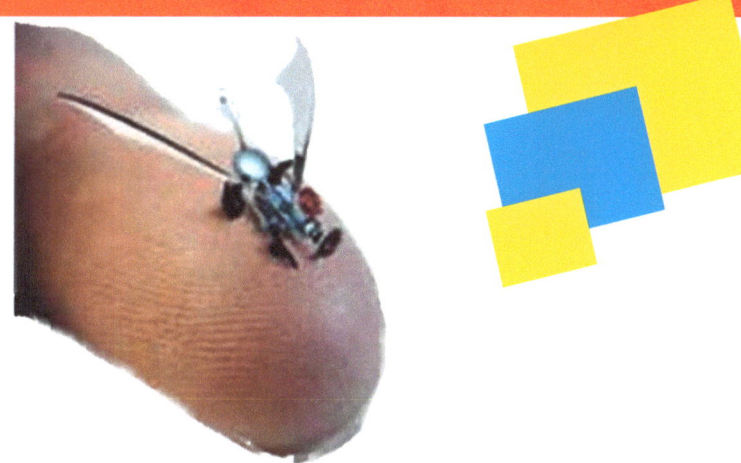

De Canadese onderzoeker, Behrad Khamesee en zijn team op Waterloo University hebben een vliegende micro-robot ontwikkeld die objecten kan manipuleren en zeer kleine gereedschappen kan hanteren die kunnen worden gebruikt voor operaties, assemblage van kleine mechanische onderdelen en diagnose van ziektes in het menselijk lichaam.

Deze microrobot is gebaseerd op Micro-Electro-Mechanische Systemen (MEMS) technologie. Om hem te laten vliegen wordt de robot aangedreven door een magnetisch veld.

De robot heeft sensoren en zeer geavanceerde elektronica.

AIST **2009**

HRP4C

Het Nationaal Instituut voor Geavanceerde Industriële Wetenschap en Technologie (AIST) in Tokyo, Japan heeft een robot ontwikkeld die echt eruit ziet en beweegt als een mens. Het is een androïd meisje met de naam HRP-4C.

De robot weegt 50 kg en is 155 cm hoog. Het wonder van deze robot is dat ze wat emoties of uitdrukkingen op haar gezicht kan laten zien. Als ze loopt, ziet ze er uit als een echt wandelend mens.

Ze kan ook zingen en dansen.

Bladzijde 13   Robots voor kinderen

Looprobots

Een zeer bijzondere robotwedstrijd vond plaats in de Japanse stad Osaka:

's Werelds eerste volledige marathon voor robots.

Verschillende tweebeensrobots hebben een marathon van 422 rondjes op een indoor baan gelopen.

Eigenaars van de robot zijn alleen toegestaan om de batterijen te vervangen of om de motoren op te laden. Als om welke reden dan ook, de robot omvalt, moet hij in staat zijn om zelf op te staan, anders wordt hij uit de competitie gehaald.

Sommige robots oefende met het strekken van de benen voordat de wedstrijd begon.

Woordenlijst

Beweeglijkheid: Gemakkelijk en snel kunnen bewegen.

Slagaders: Voert bloed van het hart.

Kunstmatig: Iets dat gemaakt is door de mens.

Zelflerend: De robot kan kennis op eigen houtje opdoen.

Autonoom: De robot kan beslissingen zelf nemen.

Samenwerking: Samen aan iets werken.

Bemanning: Groep van personen die een voertuig of een schip controleren.

Enthousiastelingen: Mensen die iets heel graag doen.

Uitbreiden: Als je meer of bredere kennis hebben.

Vrijheidsgraden: Het aantal onafhankelijke bewegingen van de robotarm.

Demonstratie: Prototype, eenheid voor tests.

Handigheid: Bewegingen met precisie.

Diagnose: Identificatie van een ziekte.

Download: Software verkrijgen van internet.

Gezichtsherkenning: Een robot is in staat om een persoon te herkennen.

Grijpen: Iets vastpakken met de hand.

Humanoïde: Iets dat eruitziet als een menselijk wezen.

Innovatief: Iets dat nieuw is en dat mensen graag willen hebben.

Indooratletiek: Een locatie met een hoog dak waar een wedstrijd plaatsvindt.

Geïnfecteerd: Iets dat verontreinigd is met een virus of bacterie.

Ronde: Een rondje in een race.

Magnetisch veld: Een onzichtbare kracht geproduceerd door magneten.

Manipuleren: Iets oppakken en verplaatsen.

Marathon: Een langeafstandsrace van 42 km.

Micro-schaal: Een veel kleiner formaat.

Mini-doses: Zeer kleine hoeveelheid medicijn.

Muilezel: Een dier dat afkomstig is van een vrouwelijk paard en een mannelijke ezel.

Obstakels: Dingen die in de weg staan.

Octrooi: Document waarin staat dat een persoon de eerste was die een uitvinding maakte.

Platform: Basis-systeem om nieuwe robots te ontwikkelen.

Houding: Positie van het lichaam of lichaamsdelen.

Bekrachtigd: iets dat de mogelijkheid heeft om te werken.

Radioactiviteit: Onzichtbare en gevaarlijke straling die afkomstig is van bepaalde atomen.

Roteren: Draaien.

Sensoren: Apparaten die van alles kunnen meten wat zich om je heen bevindt.

Helling: Hellend vlak.

Zonnepaneel: Een apparaat dat zonlicht omzet in elektriciteit.

Chirurgie: Operatie om een deel of een geheel lichaamsdeel of orgaan te verwijderen.

Ontstoppen: Iets verwijderen dat de doorgang in bijvoorbeeld een buis blokkeert.

Visualiseren: Zichtbaar maken.

Spraakopdrachten: Gesproken opdracht voor een robot.

Website: Plaats op het internet over een bedrijf of een product.

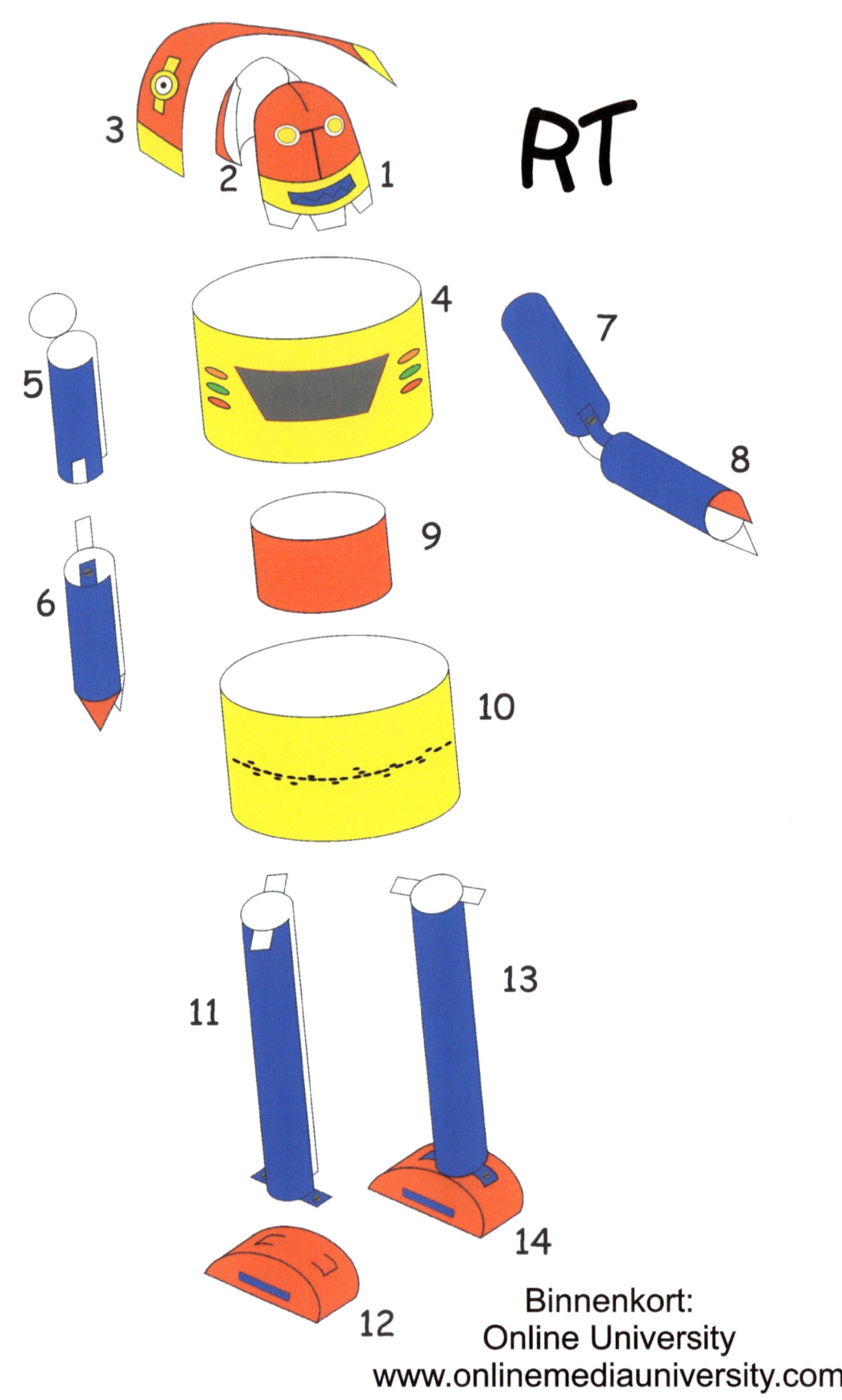

Cartoon en tv-Robots

ROBOTS

3

Voor Kinderen

Hou je Robots?

Binnenkort:
Online University
www.onlinemediauniversity.com

Aan de verbeelding, omdat we die altijd nodig hebben.

Copyright 2013 door

Latin-Tech Inc

WWW.LT-AUTOMATION.COM

Alle rechten voorbehouden. Niets uit deze uitgave mag worden verveelvoudigd, opgeslagen in een geautomatiseerd gegevensbestand en/of openbaar gemaakt in enige vorm of op enige wijze, hetzij elektronisch, mechanisch, door fotokopieën, opnamen of op enige andere manier zonder voorafgaande schriftelijke toestemming van de uitgever Latin-Tech Inc.

Robot Story

www.lt-automation.com
PH 305 914 5083
FAX 775 637 6825
Miami, FL, USA

Rosie van de Jetsons is een handelsmerk (TM) van Hanna-Barbera. Astroboy is een geregistreerd TM van Tezuka Productions Co Futurama en zijn karakter Bender is een geregistreerd TM van Fox Network. Gir is een TM van Nickelodeon. X-J9 is een TM van Viacom International Inc. Goddard is een TM van Viacom International Inc. Thrasher en Blastus zijn TM van The Cartoon Network, Inc. Dalek is een TM van de BBC. Cyberman is een TM van de BBC. B9 is een TM van MGM. Rem is TM van CBS Studios Inc. Twiki door Universal Studios. Vicky is TM van 20th Century Fox Television. Data is TM van CBS Studios Inc.

Sommige foto's en informatie zijn eigendom van hun respectievelijke auteur, bedrijf, fabrikant en/of eigenaar van het auteursrecht. Ze worden geciteerd in dit boek vanwege hun relatie en relevantie. De informatie en merknamen die hier zijn gebruikt zijn uitsluitend voor educatieve doeleinden en om informatie over de robotgeschiedenis voor toekomstige generaties te behouden.

Vertaald door Harald Ihle

 Robot Story

www.lt-automation.com
PH 305 914 5083
FAX 775 637 6825
Miami, FL, USA

Inhoudsopgave

Beroemde robots 1
Robots in stripverhalen
     Rosie 2
     Astroboy 3
     Bender 4
     Gir 5
     X-J9 6
     Goddard 7
     Thrasher en Blastus 8
TV Series robots
     Dalek 9
     Cyberman 10
     B9 11
     REM 12
     Twiki 13
     VICKI 14
     DATA 15
Woordenschat 16

Robots voor kinderen

Beroemde tv-robots

De volgende robots zijn beroemd omdat ze regelmatig in tv-series zijn verschenen.

We hebben geprobeerd om je de naam te geven van de eerste die het concept of de naam van de robot ontwikkelde. Sommige robots zijn gebaseerd op boeken. In dit geval is de schrijver van het boek de maker van de robots.

In sommige andere gevallen werd de robot bedacht door een bedrijf of een industrieel ontwerper. Dan wordt deze beschouwd als de schepper van de robot.

The Jetsons

1962

Rosie

ABC, Hanna Barbera

Rosie is een robothulp in het huis van de familie Jetson. Ze werd aanvankelijk ingehuurd als hun huishoudster, maar al snel werd ze een deel van de familie.

Ze is in staat om heerlijke broodjes en andere gerechten te bereiden die George Jetsons baas lekker vindt.

Ze heeft geen benen. In plaats daarvan heeft ze een enkel wiel waardoor ze zeer snel kan bewegen.

Hoewel Rosie een ouder model is, heeft de familie haar nooit vervangen door een nieuwe robot.

Robots voor kinderen   Bladzijde 2

Astroboy 1963

Astroboy

ABC, Osamu Tezuka Fuji

Astroboy is een robot gemaakt door een gerenommeerde wetenschapper genaamd Dr. Tenma om de plaats in te nemen van een zoon die bij een ongeval overleed.

Astroboy heeft veel mogelijkheden. Hij gebruikt zijn krachten om Metrocity te beschermen; dat is de stad waar mensen en robots samen wonen.

Bladzijde 3   Robots voor kinderen

Futurama
Bender
Fox, Matt Groening

1999

Bender is een robot die metalen kan buigen. Hij werd gemaakt in Mexico.

Zijn volledige naam is Bender Bending Rodriguez.

Bender gedraagt zich niet zo netjes. Hij houdt ervan om leugens te vertellen. Hij houdt ook van gokken, roken en drinken. Hij gebruikt alcohol als brandstof.

Robots voor kinderen — Bladzijde 4

Invader Zim

Gir

2001

Nickelodeon, Johnen Vasquez

GIR is een robot die uit de prullenbak werd gehaald en voorzien van reserveonderdelen om de alien genaamd Zim te helpen.

Hij is niet erg slim.

Hij houdt van junkfood, en vooral tacos.

Hij draagt een groene vermomming die hem doet lijken op een hond, maar hij doet een heleboel dingen die honden niet doen.

Mijn leven als een tienerrobot

2003

X-J9

Nickelodeon, Rob Renzetti

De robot X-J9, ook bekend als Jenny, werd gemaakt door Dr. Wakeman om de aarde te beschermen.

Ze kan emoties zoals geluk en verdriet uiten.

Jenny heeft veel wapens en apparaten.

Naast haar normale leven wil ze omgaan met haar klasgenoten. Ze moet vechten met een aantal schurken.

Robots voor kinderen   Bladzijde 6

Jimmy Neutron
Goddard

2006

Nickelodeon — Jhon A. Davis, Keith Alcorn, Steve Oedekerk

Deze robothond werd gemaakt door Jimmy Neutron, een jongensgenie die een zeer actieve uitvinder is.

Niet alle Jimmy's uitvindingen werken.

Goddard is een van de succesvolle uitvindingen van Jimmy. Hij is ook Jimmy's beste vriend.

Goddard heeft veel technische snufjes: hij heeft een scherm op zijn borst en een videoprojector in zijn ogen. Hij kan zich transformeren in een zweeffiets. Hij kan ook ontploffen en zichzelf weer in elkaar zetten.

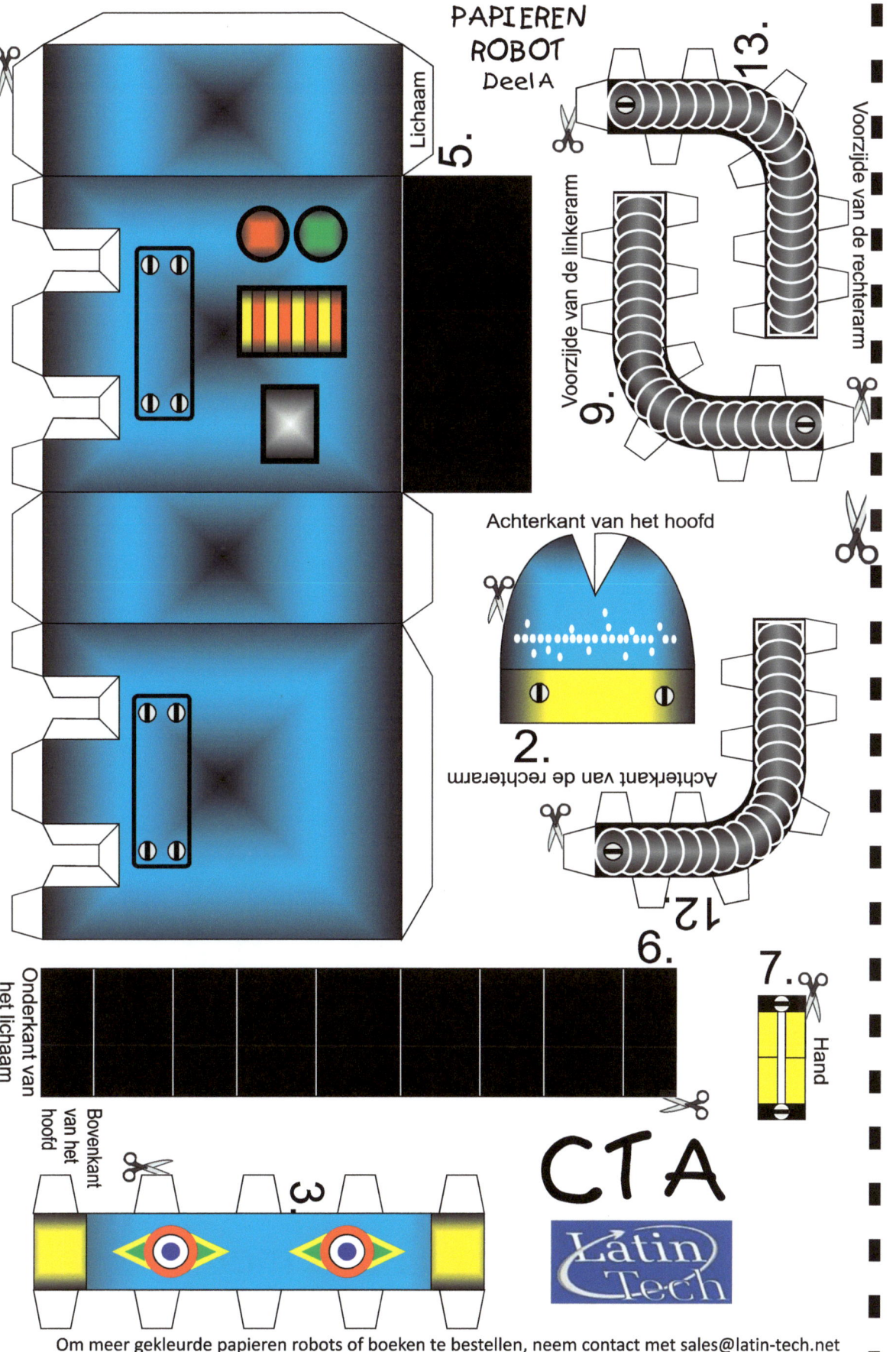

Deze pagina is met opzet leeg gelaten

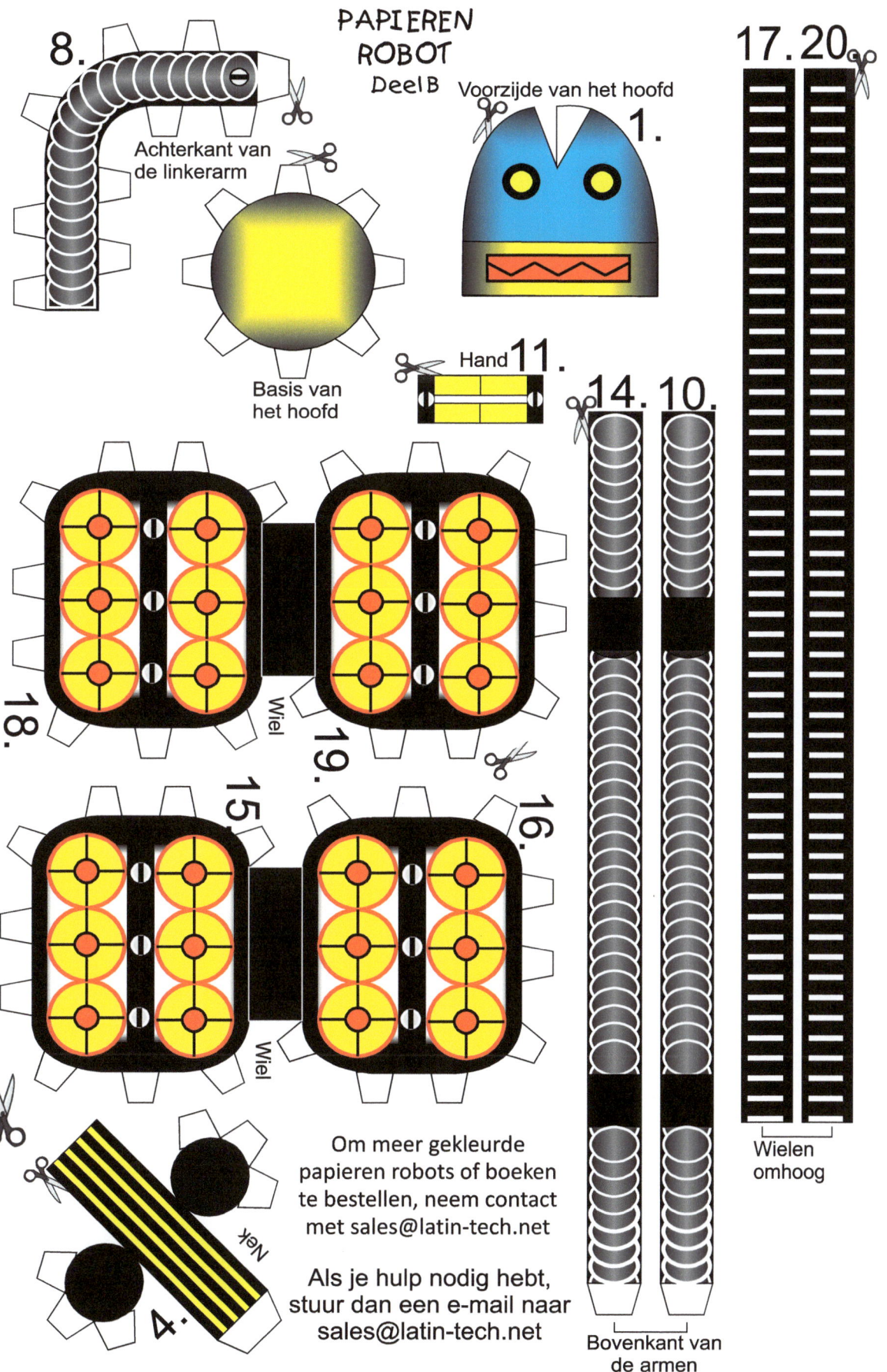

Deze pagina is met opzet leeg gelaten

Robotomy

Thrasher and Blastus

Cartoon Network — Michael Buckleavy, Joe Deasy

Thrasher en Blastus zijn twee tienerrobots op de middelbare school op de planeet Insanus.

Op deze planeet moet iedere robot moorden, en het hebben van gevoelens is geen goede zaak.

Thrasher is een grote robot die verliefd is op een zeer populaire middelbare schoolrobot genaamd Maimy.

Blastus is een dikke robot die dingen doet zonder na te denken. Hij wil alleen maar populair zijn.

Doctor Who
Dalek
1963

Terry Nation and Raymond Cusick

Daleks zijn mutanten voorzien van een beschermende behuizing van Dalkanium. Ze komen van de planeet Skaro. Ze hebben geen gevoelens of wroeging wanneer ze proberen om alle levensvormen te vernietigen en ze zeggen altijd "UITROEIEN" waar ze ook verschijnen.

De Daleks hebben een aantal speciale wapens om voorwerpen te vernietigen door middel van een doodsstraal en een telescopische arm die hoofdzakelijk gebruikt wordt om gedachten te lezen, om te communiceren met andere technische apparaten of om iemands intelligentie te meten.

Robots voor kinderen

Doctor Who
Cyberman
Kit Pedler en Gerry Davies

1966

Cybermensen zijn deels mens en deels robot en staan bekend als cyborgs. Ze komen van de planeet Mondas, die in het verleden een zusterplaneet was van onze mooie planeet Aarde.

Cybermensen waren oorspronkelijk menselijke wezens, maar ze gingen delen van zichzelf vervangen door mechanische onderdelen.

Deze cyborgs hebben geen emoties, omdat ze die een teken van zwakte vinden.

Ze willen mensen meenemen naar hun planeet om ze daar om te bouwen naar cybermensen.

Het herontwerp van Cyberman uit 2006

Robots voor kinderen — Bladzijde 10

Verloren in de ruimte

B9

1968

CBS, Irwin Allen

Model B9 is een milieu-robot gemaakt om de familie Robinson te helpen aan boord van het ruimteschip Jupiter 2 te komen.

De robot is gewapend en in staat om de problemen van het gezin op te lossen. Zijn beste vriend is Willem, het jongste kind aan boord.

Model B9 kan bewegen door middel van wielen. Hij kan ook praten, lachen en berekeningen maken. Hij gebruikt zijn sensoren om problemen en gevaren te detecteren.

Bladzijde 11   Robots voor kinderen

Logan's Run 1977

Rem

CBS, William F. Nolan

REM is een 200 jaar oud androïde robot. Hij is een zeer intelligente robot die andere robots repareert en onderhoudt.

Het merendeel van de mensen in Stone City stierf, maar deze robot bleef nog functioneren.

Sommige van de robots namen Logan en Jessica gevangen. Het zijn twee mensen die weglopen van een plaats waar ze moeten sterven wanneer 30 jaar oud worden.

REM red hen en ze blijven samen zoeken naar een plaats genaamd Sanctuary.

Robots voor kinderen   Bladzijde 12

Buck Rogers in de 25e eeuw

Twiki

1979

NBC, Glen A. Larson

Deze kleine androïde robot is een "Ambuquad." Hij is een speciaal soort robot die in de ruimtemijnen werkt.

Twiki spreekt onze taal, maar met een bijzondere klank. Als hij iets zegt tegen andere robots klinkt het als "Biddi-Biddi-Biddi".

Twiki is Doctor Theopolis' assistent. Hij bestaat uit een computer die op een schijf is gemonteerd.

Omdat Doctor Theopolis niet kan bewegen, draagt Twiki hem op zijn borst met zijn sterke robotarmen.

Robots voor kinderen

Kleine wonder

1985

Vicky

20Th Century Fox, Howard Leeds

De naam van deze androïde robot bestaat uit de beginletters van Voice Input Child Identicant: VICI. Maar iedereen noemt haar Vicki.

Ze werd gemaakt door de vader van de familie Lawson. Hij is ingenieur, werkzaam in het bedrijf Robotronics. Vicki werd in het geheim opgenomen als lid van de familie.

Vicki krijgt stroom uit een interne atomaire batterij. Ze is erg sterk en loopt supersnel. Ze ziet eruit als een 10-jarig meisje, maar ze is niet in staat om emoties te tonen.

StarkTrek 1987

DATA

CBS, Gene Roddenberry

DATA is een androïde robot met een zeer krachtige computer, want hij heeft Positronic-hersenen. Hij is geïnteresseerd in het begrijpen van menselijk gedrag.

Hij heeft gevoelens en tastzin. Met behulp van een geïntegreerde schakeling kan hij emoties ontwikkelen. Hij maakt deel uit van de bemanning aan boord van de Enterprise.

Herinner je je de volgende woorden?

"Ruimte: de definitieve grens. Dit zijn de reizen van het sterrenschip Enterprise. Zijn missie is om nieuwe werelden te verkennen, te zoeken naar nieuw leven en nieuwe beschavingen, om moedig te gaan naar plaatsen waar niemand ooit eerder is geweest."

Woordenlijst

Aliën: Wezen uit de ruimte.

Geassembleerd: Onderdelen die samengevoegd zijn.

Bocht: Een onderdeel van een voorwerp dat is gebogen.

Vrijmoedig: Iets doen zonder angst.

Behuizing: Een externe afdekking.

Verhullen: Het veranderen van het uiterlijk.

Milieu: Met betrekking tot de omgeving of de natuur rondom.

Uitroeien: Doden of vernietigen.

Hoverfiets: Een fiets die in plaats van wielen, een luchtkussen gebruikt.

Onjuist: Niet goed of juist.

Industrieel: Een voorwerp dat gemaakt wordt in een fabriek.

Interface: Connectie tussen systemen, apparatuur, concepten, of menselijke wezens.

Uitvinding: Iets nieuws dat niemand eerder heeft gezien of gedaan.

Uitvinder: De persoon die nieuwe dingen maakt.

Junk food: Ongezond eten.

Populair: Iets of iemand die iedereen kent, van houdt of waardeert.

Positronisch brein: De centrale computer die de robot aanstuurt, vergelijkbaar met de menselijke hersenen.

Reassembleren: Gescheiden onderdelen die weer kunnen worden samengevoegd.

Herontwerp: Een nieuwe versie van een ontwerp.

Wroeging: Gevoel van spijt als je iets slecht of verkeerd hebt gedaan.

Display: Een scherm om informatie te tonen.

Werkster: Iemand die wordt ingehuurd voor huishoudelijk of persoonlijk werk zoals schoonmaken en koken.

Reserve-onderdelen: Onderdelen die je gebruikt om beschadigde apparatuur te repareren.

Videoprojector: Een apparaat om een beeld of een film te tonen op en scherm.

Schurk: Een wrede of kwaadwillend persoon.

Wapen: Een apparaat dat wordt gebruikt om te vechten, jagen of doden.

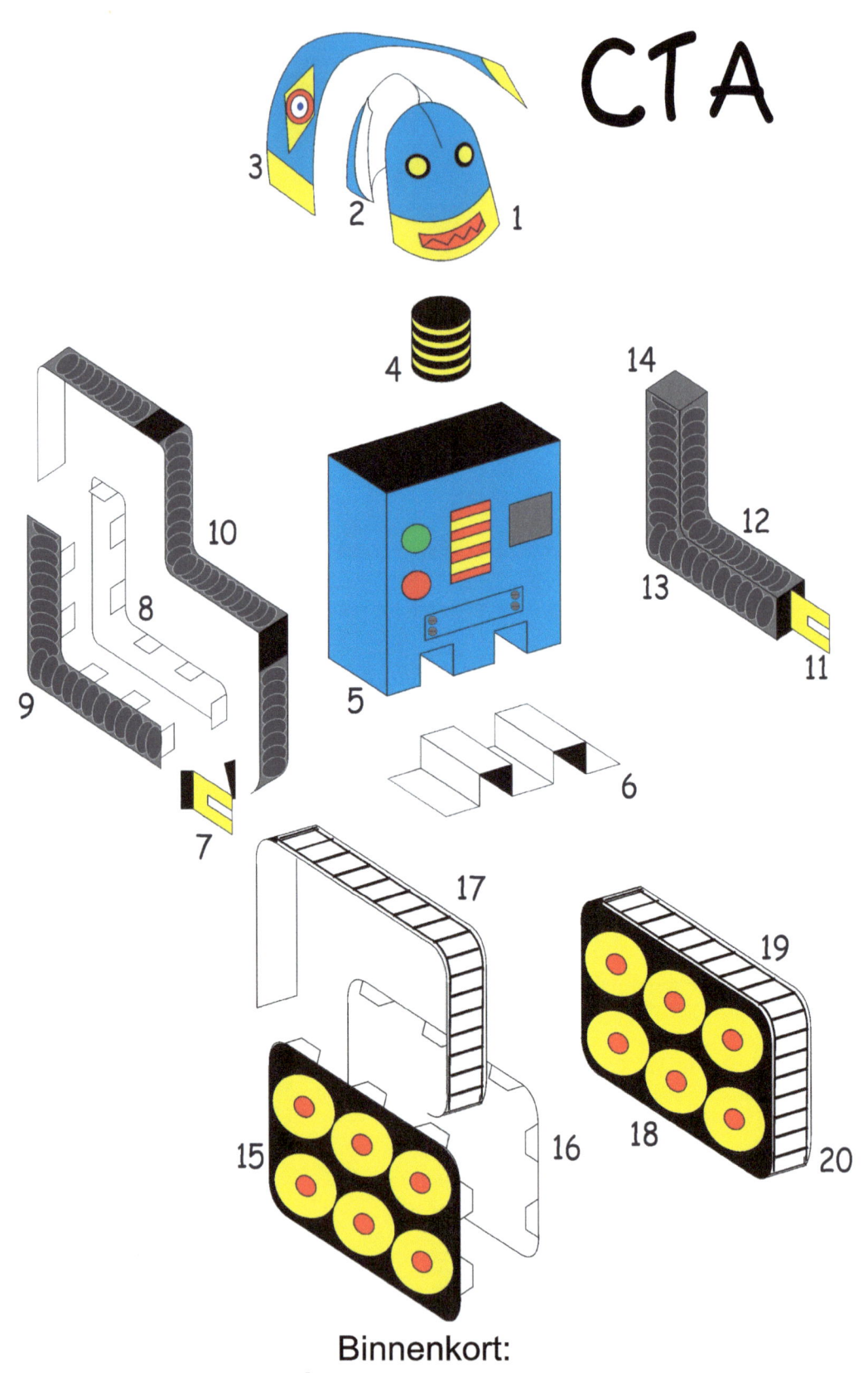

Movie Robots

ROBOTS

4

Voor Kinderen

Hou je Robots?

Binnenkort:
Online University
www.onlinemediauniversity.com

Voor creatieve kinderen, want onze toekomst hangt van hen af.

Copyright 2013 door

Latin-Tech Inc

WWW.LT-AUTOMATION.COM

Alle rechten voorbehouden. Niets uit deze uitgave mag worden verveelvoudigd, opgeslagen in een geautomatiseerd gegevensbestand en/of openbaar gemaakt in enige vorm of op enige wijze, hetzij elektronisch, mechanisch, door fotokopieën, opnamen of op enige andere manier zonder voorafgaande schriftelijke toestemming van de uitgever Latin-Tech Inc.

Vertaald door Harald Ihle

 Robot Story

www.lt-automation.com
PH 305 914 5083
FAX 775 637 6825
Miami, FL, USA

Maria is een handelsmerk (TM) van Babelsberg Studios door UFA. Gort is een TM van 20th Century Fox Television. Robbie is een TM van MGM. Gunslinger Is een TM van MGM. R2D2 en 3PO Gemaakt door George Lucas, zijn TM van 20th Century Fox Television. Marvin is TM van Touchstone Pictures. Ash is een TM van 20th Century Fox Television. Hector is een TM van Associated Film Distribution. Terminator is TM van MGM en Orion Pictures Corporation. Jhonny 5 is TM van TriStar Pictures. BB is een TM van Warner Bros. Robocop is een TM van Orion Pictures Corporation. yrew is een TM van Touchstone Pictures en Columbia Pictures. Iron Giant is een TM van Warner Bros. David is een TM van Warner Bros. en Dreamworks Pictures. Sonny is een TM van 20th Century Fox. Rodney Copperbottom is een TM van 20th Century Fox. Wall-E is een TM van Walt Disney Studios en Buena Vista International. Atom is een TM van DreamWorks Pictures en Touchstone Pictures.

Sommige foto's en informatie zijn eigendom van hun respectievelijke auteur, bedrijf, fabrikant en/of eigenaar van het auteursrecht. Ze worden geciteerd in dit boek vanwege hun relatie en relevantie. De informatie en merknamen die hier zijn gebruikt zijn uitsluitend voor educatieve doeleinden en om informatie over de robotgeschiedenis voor toekomstige generaties te behouden.

Vertaald door Harald Ihle

www.lt-automation.com
PH 305 914 5083
FAX 775 637 6825
Miami, FL, USA

Inhoudsopgave

Beroemde robots 1
    Maria 2
    Gort 3
    Robbie 4
    Gunslinger 5
    R2D2 en 3PO 6
    Marvin 7
    Ash 8
    Hector 9
    Terminator 10
    Johnny 5 11
    BB 12
    Robocop 13
    yrew 14
    Iron Giant 15
    David 16
    Sonny 17
    Rodney Copperbottom 18
    Wall-E 19
    Atom 20
Woordenschat 21

Robots voor kinderen

Beroemde filmrobots

De robots in dit boek zijn beroemd omdat ze zijn verscheen in films.

We hebben geprobeerd om je de naam van de eerste persoon of het eerste bedrijf die het concept of de naam van de robot ontwikkeld geven. Sommige personages zijn gebaseerd op een boek, dus in dit geval is de schrijver van het boek de maker van de robot.

In sommige andere gevallen wordt de robot toegewezen aan een bedrijf of industrieel ontwerper. De ontwerper wordt beschouwd als de robotschepper.

Wereldstad 1927
Maria

UFA, Thea Von Harbou en Fritz Lang

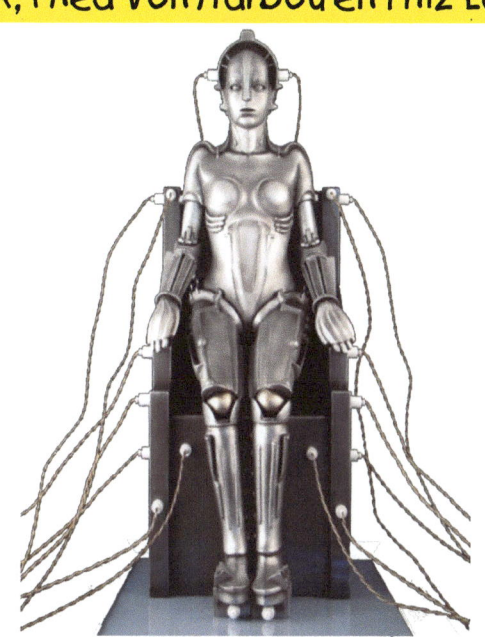

Maria is een van de eerste robots die ooit in een film speelde. Ze is een van de belangrijkste personages in de Duitse film Metropolis uit 1927.

Ze is een androïde en heet Maria. Deze meisjesrobot moedigt de arbeiders in de stad aan om in opstand te komen tegen de eigenaren van een bedrijf.

Maria is een heel bekende robot. Tegenwoordig wordt ze als referentie gebruikt in robotfilms.

Bladzijde 2   Robots voor kinderen

The Day the Earth Stood Still

Gort

1951

20th Century Fox, Harry Bate

GORT is een acht meter hoge robot die in een vliegende schotel kwam om zijn vriend Klaatu te beschermen. Er komt een krachtige lichtbundel uit zijn ogen. Hij gebruikt deze bundel als hij iets wil vernietigen.

Hij heeft geen mond.

Hij desintegreert zichzelf in kleine stukjes die alles wat ze aanraken kunnen vernietigen.

Robots voor kinderen — Bladzijde 3

The forbidden Planet

1959

Robbie

Metro Goldwyn Mayer, Irwin Allen en Block Adler

Robbie was een van de eerste robots die in films verschenen. Hij heeft geen gezicht, maar hij heeft veel sensoren die hem helpen om zich te verplaatsen.

Hij is 211 cm lang.

Hij verscheen voor het eerst in de science fiction film "De verboden planeet".

Na deze film werd hij beroemd en verscheen hij regelmatig in andere tv-series, films, en shows.

De robot is ontworpen door Robert Kinoshita.

Robots voor kinderen — Bladzijde 5

Gunslinger   1956

Gunslinger

Metro Goldwyn Mayer, Irving Allen en Block Adler

Gunslinger is een robot die erg snel kan omgaan met geweren. Hij is geprogrammeerd om deel te nemen aan duellen die hij nooit wint. Hij woont in een pretpark waar robots de wensen van alle bezoekers inwilligen.

Door een computervirus kregen alle robots inn het park een storing.

Gunslinger en andere robots doodden sommige bezoekers in het pretpark. Technici van het park en toezichthouders probeerden om het park onder controle te krijgen door de stroom uit te schakelen, maar dat lukte niet.

Star Wars
R2D2 and 3PO

1977

20th Century Fox, George Lucas

Deze twee robots werden erg beroemd na de succesvolle film Star Wars.

R2D2 (uitgesproken Aar-Toe-Die-Toe) is een verrijdbare robot op drie poten. Hij is voorzien van veel gereedschappen, wapens en sensoren.

C-3PO (uitgesproken Sie-Three-Pie-Oo) is R2D2's vriend. Hij is een "protocol-androïde" robot ontworpen om de mens te dienen. Hij is in staat om op miljoenen manieren te spreken.

Bladzijde 6   Robots voor kinderen

The Hitchhiker's Guide to the Galaxy

Marvin

BBC, Douglas Adams

1981

Marvin is een defecte roboteenheid vervaardigd door Sirius Cybernetisch Corporation.

Marvin is een androïde robot met twee verschillende gevoelens: depressie en verveling. Dit is omdat zijn krachtige hersenen niet volledig worden benut.

Elke taak lijkt zo simpel dat Marvin zich verveelt. Zijn hersenen hebben de grootte van een planeet. Zelfs de grootste berekeningen zijn heel makkelijk voor hem. Om hem op te vrolijken, proberen een aantal van zijn vrienden bij de Heart of Gold Starship hem bezig te houden.

Robots voor kinderen — Bladzijde 7

Alien

Ash

1079

20th Century Fox, Dan O'Bannon en Ronald Shusett

Ash is een zeer geavanceerde androïde robot. Hij is een Science Officer, een deel van de bemanning van het ruimteschip Nostromo.

Wanneer ze een nieuwe levensvorm ontdekten op een verre planeet, kreeg Ash stiekem orders om een buitenaards wezen mee te nemen naar de aarde, zelfs als de bemanning dit niet zou overleven.

Hij gehoorzaamde de bevelen van de kapitein niet, en plaatste iedereen daardoor in een gevaarlijke situatie.

Ash ziet ziet er uit en gedraagt zich als een mens.

Saturn 3

1980

Hector

ITC Enternaiment, John Barry

Hector is een experimentele robot die werd gestuurd naar één van de manen van de planeeet Saturnus.

Op deze maan hebben een paar wetenschappers gewerkt aan het verbouwen van voedsel met behulp van hydrocultuur om de overbevolkte aarde te voeden.

Hector is een 2 meter hoge robot, samengesteld door een technicus genaamd Benson met psychische problemen.

De robot heeft kunstmatige intelligentie op basis van menselijk hersenweefsel. Hij wordt geprogrammeerd via een stekker aan Bensons hals. Hij begint zich te gedragen zoals Benson.

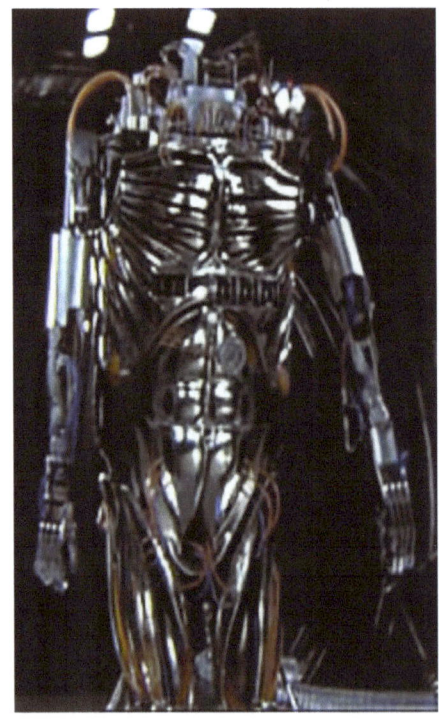

Terminator

Terminator

1984

Orion Pictures, James Cameron, Gale Anne Hurd, William Wisher, Jr

Terminator is een robot gemaakt door het bedrijf Skynet.

De Terminators zijn androïde robots met een volmaakt menselijk uiterlijk. Ze kunnen ruiken en zweten om gemakkelijk te infiltreren onder de mensen.

Zijn voornaamste doel is om alle weerstand te onderdrukken en daarna de mensen uit te roeien.

De eerste terminator werd verzonden vanuit de toekomst (2029) naar de huidige tijd door het meisje Sarah Connor, omdat zij de moeder van de leider van het verzet in de toekomst is.

Short Circuit 1986
Johnny 5

TriStar Pictures, S.S Wilson en Brent Maddock

Nummer 5 is het prototype van een verrijdbare robot gemaakt door Nova Laboratories. Het doel is om de robot te gebruiken in militaire operaties.

Hij ontvangt een stroomstoot wanneer hij wordt opgeladen. Deze verandert zijn programma en veroorzaakt een storing die gevoelens oproept en het beschermen van mensenlevens stimuleert.

Robots voor kinderen — Bladzijde 11

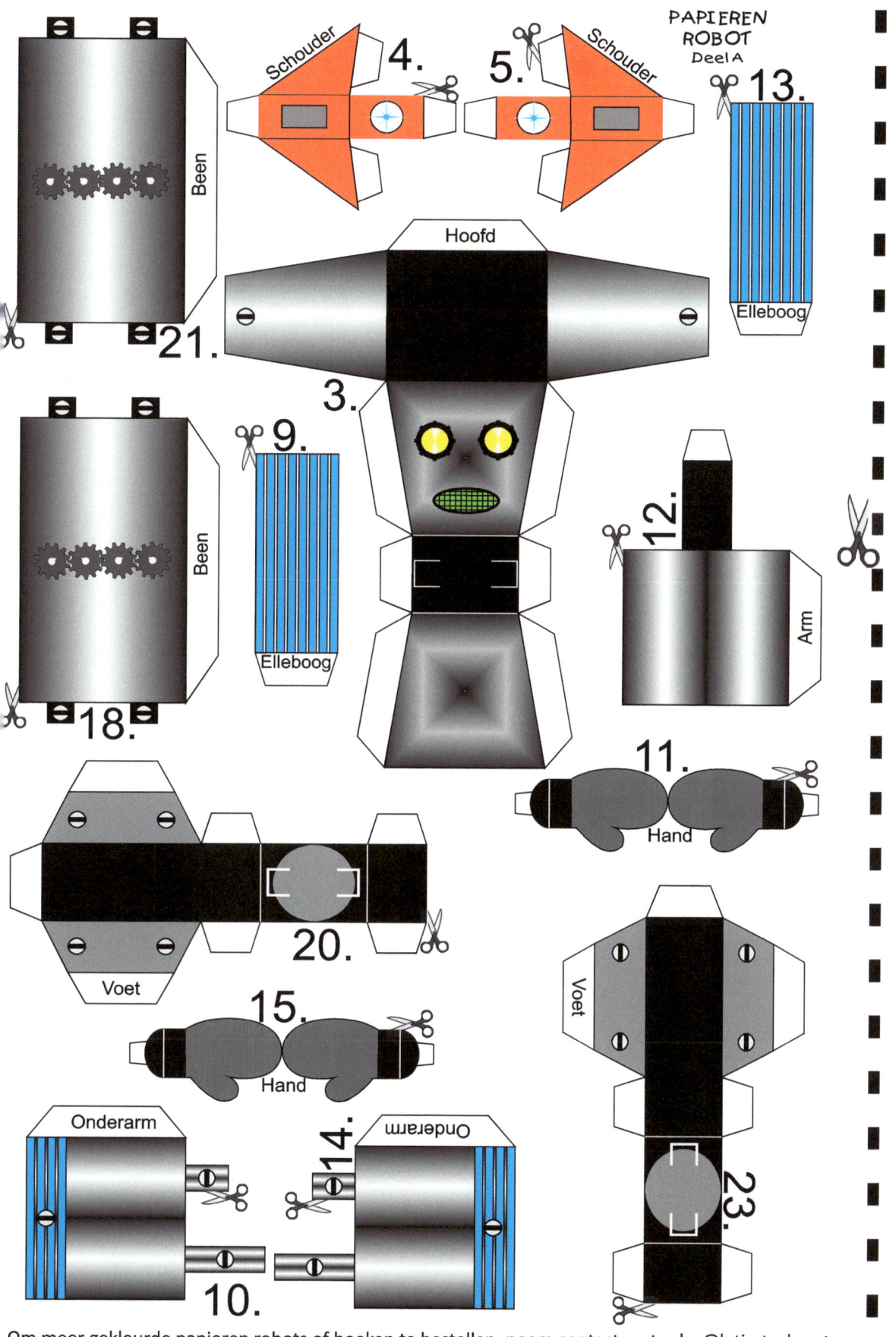

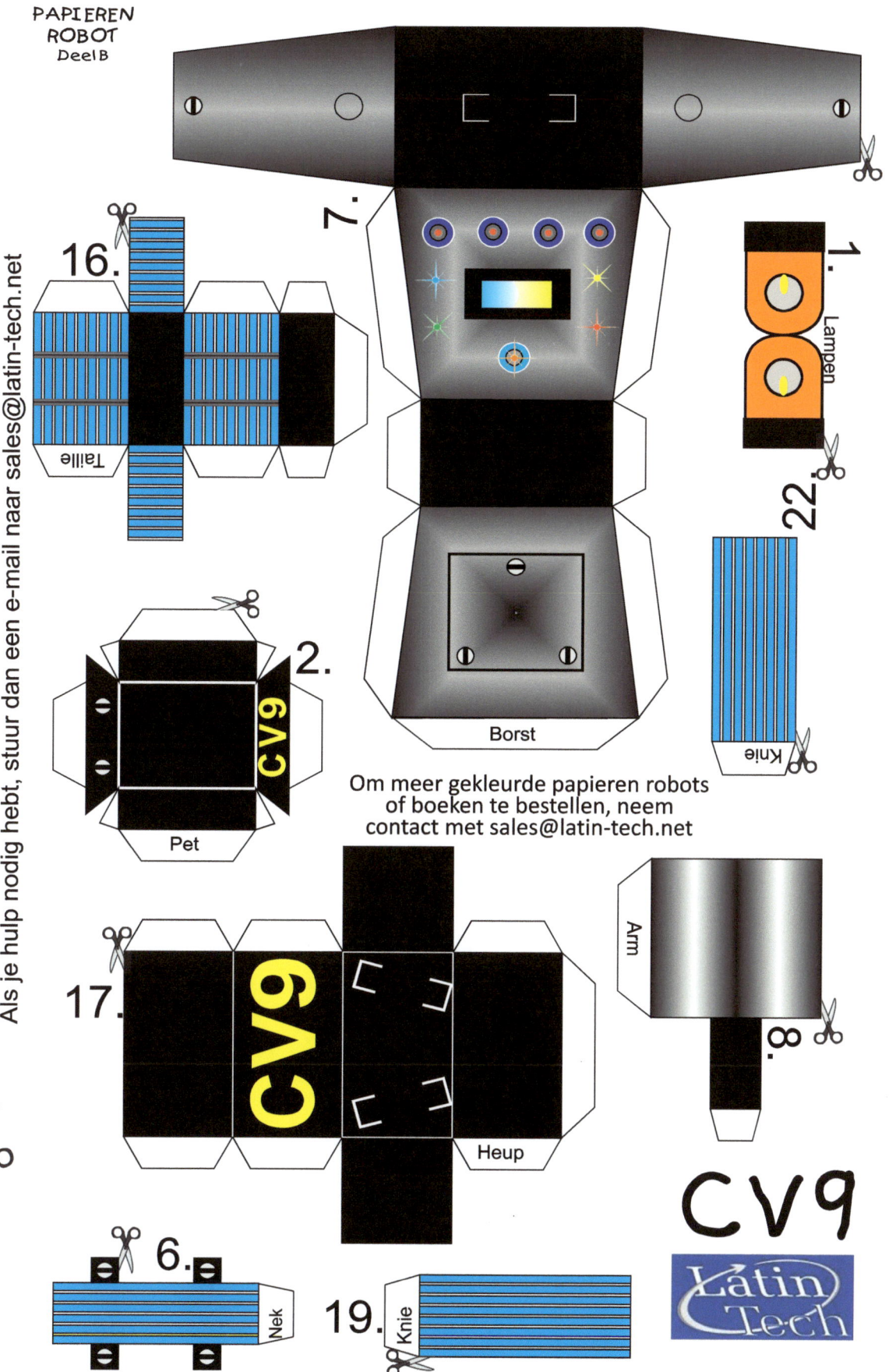

Deze pagina is met opzet leeg gelaten

Deadly Friend 1986
BB

Warner Bros, Diana Henstel

BB is een robot met kunstmatige intelligentie die zijn naam kan zeggen en soms eigen initiatieven vertoont. Hij werd gemaakt door Paul, een uitermate slimme jongen die is verhuisd naar een nieuwe stad om een gespecialiseerde studie over neurologie en kunstmatige intelligentie bij te wonen op een prestigieuze technische universiteit.

BB wordt vernietigd door Pauls buurman. Samantha, één van de vrienden van Paul, is stervende. Paul gebruikt BB's kunstmatige intelligentie-chip om haar leven te redden. Samantha wordt een mens met robothersenen.

Robocop 1987

Robocop

Orion Pictures, Edward Neumeier en Michael Miener

Murphy is een politieman uit een fijne familie.

Hij wordt vermoord door criminelen, die zijn lichaam gebruikt in het bedrijf Omni Consumer Corporation, als onderdeel van een nieuwe ontwikkeling in de robotica.

Hij wordt deels mens en deels robot.

Zijn hersenen zijn geprogrammeerd om hem als politieman op te laten treden.

Robots voor kinderen

Bicentennial Man

Andrew

1999

Pictures Touchstone/Columbia pictures, Isaac Asimov

Andrew is een androïde robot die de familie Martin kocht om huishoudelijke taken uit te voeren.

Ze weten niet hoe bijzonder Andrew is.

Hij toont emoties en is creatief.

In de loop van vier generaties probeert hij mens te worden.

The Iron Giant

Iron Giant

1999

Warner Bros, Ted Hughes

Deze robot stort per ongeluk in zee vlakbij het kleine stadje Rockwell. Hogwarth, een kind van negen jaar ontdekt hem en wordt later zijn vriend en leraar.

De Iron Giant wordt opgejaagd door het leger. Hogwarth probeert het conflict te vermijden en legt de situatie uit.

Het leger lanceert een raket tegen de robot. Hogwarth begrijpt dat de robot zich moet opofferen om de mensen in de stad te redden. De robot vliegt weg en ontploft in de lucht nadat hij wordt getroffen door een raket.

Maar er is een verrassing voor het verdriet van Hogwarth...

Robots voor kinderen — Bladzijde 15

Artificial Intelligence 2001
David
Dreamworks / Warner Bros, Brian Aldiss

David behoort tot een zeer intelligente serie van robotkinderen die emoties kunnen tonen.

Hij wordt gekocht door een moeder wiens zoon met een zeer zeldzame ziekte, waarvan hij later geneest.

Wanneer de zoon weer gezond is, wordt David gedwongen om alleen te overleven in een wereld waarin robots niet welkom zijn.

Zijn intelligentie stelt hem in staat om te zoeken naar zijn schepper. Hij wil zijn liefhebbende moeder terugkrijgen.

Robots voor kinderen

I Robot — 2004

Sonny

20Th Century Fox, Isaac Asimov

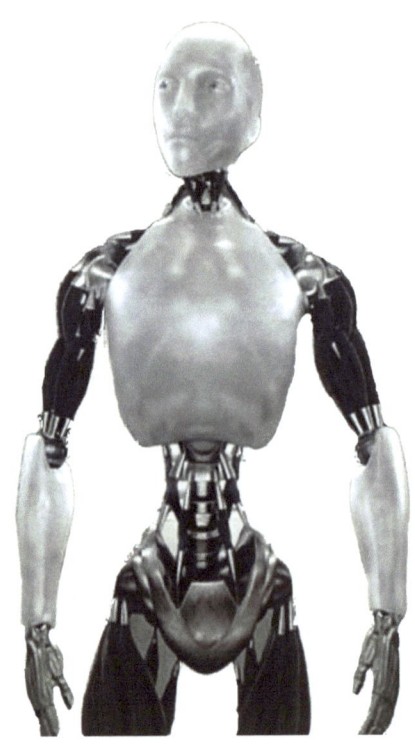

"I, robot" is een film geïnspireerd op een boek van Isaac Asimov.

Sonny is een androïde robot beschuldigd van het doden van zijn wetenschappelijke schepper en van het breken van de drie robotwetten.

Sonny behoort tot een nieuwe generatie robots van de firma US Robotics. Hij wordt later voortvluchtig.

Robots — Rodney Copperbottom — 2005

20th Century Fox, Chris Block en William Joyce

Rodney is een robotkind dat altijd al uitvinder wilde worden.

Een van zijn uitvindingen veroorzaakte een probleem met de baas van zijn vader, die hem dwong om zijn kleine stadje te verlaten en naar Robot City te verhuizen.

In deze stad woont een robot genaamd Bigweld die Rodney bewondert. Daar maakt hij nieuwe vrienden: de Rusties.

Robots voor kinderen

Wall-E

2008

Wall-E

Pixar Animation Studios / Walt Disney Pictures
Andrew Stanton en Pete Docter.

Een groot bedrijf maakte dat de mensen spullen in grote hoeveelheden kochten.

De mensen verwoestten de Aarde met alle afval die ze achterlieten. Daarom moesten ze de planeet vijf jaar lang verlaten.

Wall-E is een afvalpers-robot, achtergelaten om de Aarde op te ruimen.

Real Steel

Atom

Dreamworks Pictures

In het jaar 2020 worden alleen robots toegestaan om te vechten, want dat is verboden voor de mens.

Bij het zoeken naar robotstukken in een autokerkhof ontdekt het jongetje Max de robot Atom.

In het verleden werd deze robot gebruikt voor bokstraining.

Max helpt zijn vader om de robot te trainen om deel te nemen aan bokswedstrijden. Atom is heel sterk en overleeft gevechten tegen andere zeer krachtige robots.

Woordenlijst

Alien: Wezen uit de ruimte.

Kunstmatig: Iets gemaakt door de mens.

Communicatie: manier om informatie met anderen uit te wisselen.

Creativiteit: Vermogen om originele of fantasierijke dingen te maken.

Bemanning: Groep van personen die een voertuig of een schip controleren.

Chip: Elektronische circuit.

Verdichter: Apparaat dat afval in kleine pakketjes in elkaar drukt.

Defect: Iets dat niet goed werkt.

Depressie: Zich ongelukkig voelen.

Ontwikkeling: Proces van het creëren van een nieuw product.

Desintegreren: Iets in kleine stukjes breken.

Duel: Twee persoon met elkaar vechten met wapens.

Bemoedigen: Mensen stimuleren om iets te doen.

Experimenteel: Iets wat je uitprobeert zonder precies te weten hoe het werkt of reageert.

Uitroeien: Een groep te doden tot er niemand meer over is.

Vliegende schotel: Een soort ongeïdentificeerd vliegend onderwerp (UFO).

Verboden: Iets wat je niet mag doen, of een plek waar je niet naartoe mag gaan.

Vluchteling: Iemand die wegloopt van de wet of van een groep.

Generatie: De tijd die verstrijkt tussen het leven van een persoon en de geboorte van diens kinderen.

Hydrocultuur: Methode om voedsel te verbouwen zonder aarde maar met water.

Infiltreren: Lid worden van een groep worden zonder dat iemand het merkt.

Vuilnishoop: Plaats waar je alleen maar afval vindt.

Leider: Iemand die een groep leidt.

Storing: Iets wat niet goed werkt.

Een heel groot bedrijf: Een super groot bedrijf.

Overbevolkt: Als er op een plaats te veel mensen wonen.

Stroomstoot: Een hoog vermogen dat een storing veroorzaakt.

Protocol: Een afspraak voor het juiste gedrag.

Prototype: De eerste robot die wordt gemaakt van een bepaald type.

Rebelleren: Weigeren te gehoorzamen.

Referentie: Iets of iemand waarmee je vergelijkt.

Lijken op: Uitzien als iemand anders.

Offer: Je leven geven voor iets of iemand.

Schotel: een kleine ronde platte schaal.

Sensoren: Apparaten die helpen om te ontdekken wat er om je heen gebeurt.

Afsluiten: De elektriciteit verwijderen.

Stekker: Een voorwerp waarmee je elektrische apparatuur kan aansluiten.

Gespecialiseerde cursussen: Cursussen op een bepaald gebied.

Stroompiek: Een plotselinge toename van elektriciteit.

Overleven: In leven blijven.

Gereedschappen: Voorwerpen die je gebruikt om dingen te maken of te repareren.

Training: Oefening die iemand regelmatig doet.

Voorzien van wielen: Iets dat wielen heeft.

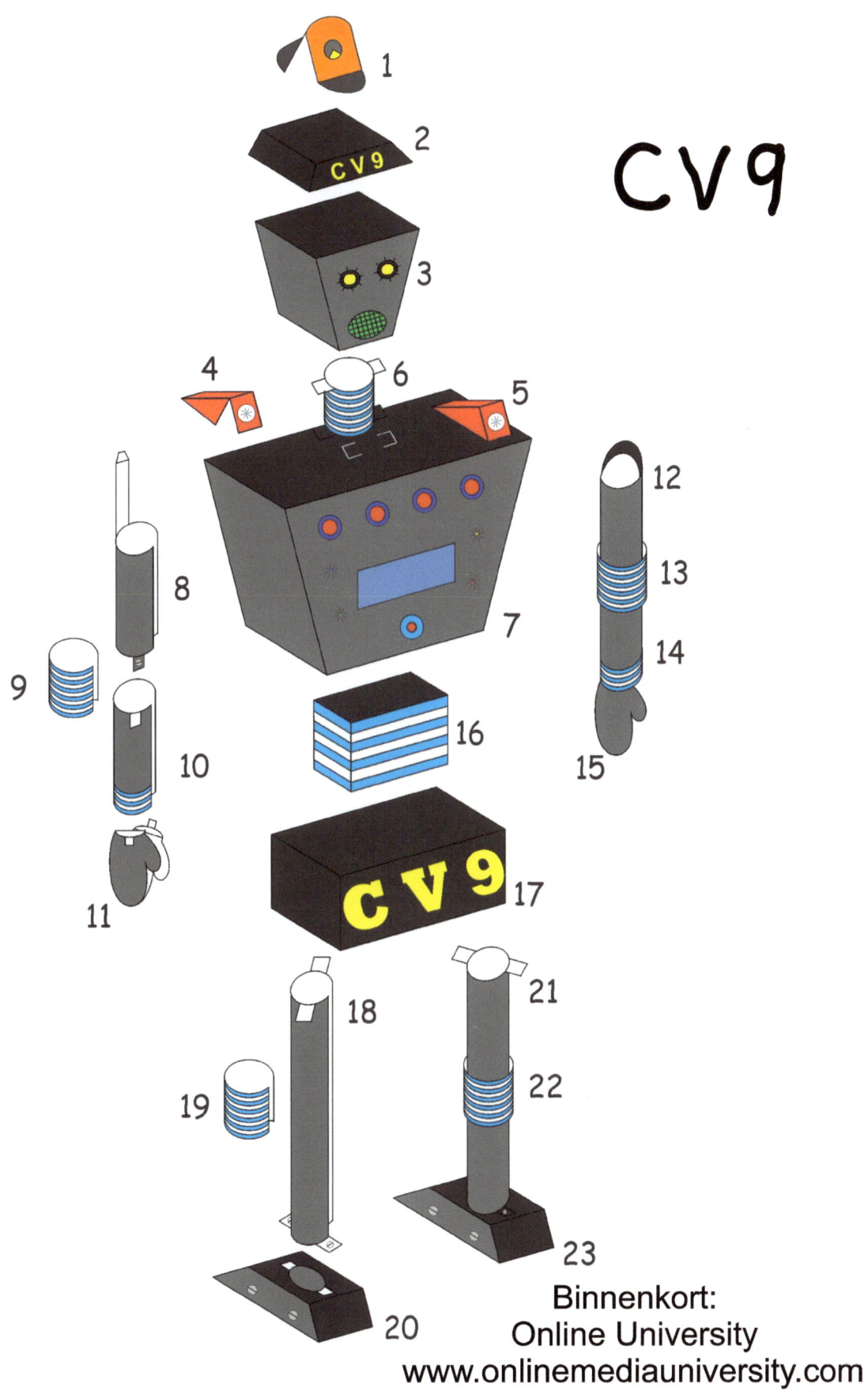

Deze pagina is met opzet leeg gelaten

www.ingramcontent.com/pod-product-compliance
Lightning Source LLC
Chambersburg PA
CBHW040052160426
43192CB00002B/48